BOOZ ALLEN HAMILTON

E-Government
und der moderne Staat

D1619905

BOOZ ALLEN HAMILTON

E-Government und der moderne Staat

Einstieg, Strategie und Umsetzung

F.A.Z.-INSTITUT

FÜR MANAGEMENT-, MARKT- UND MEDIENINFORMATIONEN GMBH

Die Deutsche Bibliothek – CIP-Einheitsaufnahme

Booz Allen Hamilton

E-Government und der moderne Staat

Einstieg, Strategie und Umsetzung

F.A.Z.-Institut für Management-,
Markt- und Medieninformationen,
Frankfurt am Main: 2002

ISBN 3-934191-50-9

Copyright F.A.Z.-Institut für Management-, Markt-
und Medieninformationen GmbH
Mainzer Landstraße 195
60326 Frankfurt am Main

Umschlaggestaltung xplicit Gesellschaft für visuelle
Kommunikation, Frankfurt am Main
DTP-Layout Dietmar Ostermann, F.A.Z.-Institut für Management-, Markt-
und Medieninformationen GmbH
Druck Boschen Offsetdruck GmbH, Frankfurt am Main

Printed in Germany

Inhalt

5

Vorwort
Der Staat auf dem Weg zur transparenten Dienstleistungseinrichtung für den Bürger

Wie wäre es, sonntags nach dem Frühstück in aller Ruhe den neuen Wohnsitz von zu Hause aus anzumelden, anstatt dafür lästige Wartezeiten im Amt abzusitzen? Oder per E-Mail an die ablaufende Gültigkeit des Reisepasses erinnert zu werden, anstatt den Urlaub mit einer unangenehmen Überraschung zu beginnen? Komfortabel, aber utopisch? Komfortabel sicherlich. Utopisch hingegen längst nicht mehr!

Die Anfänge für die „elektronische" Verwaltung im Netz sind gemacht: Der öffentliche Sektor in Deutschland bietet den Bürgern bereits einige der amtlichen Formulare zum Download im Internet an. Inzwischen ist es vielerorts auch möglich, die Steuererklärung online abzugeben. Noch müssen zahlreiche Anträge zusätzlich auf dem klassischen Postweg eingereicht werden. Aber ab 2005 sollen gemäß den Plänen der Bundesregierung im Rahmen von BundOnline 2005 sämtliche internetfähigen Applikationen öffentlicher Behörden über das Internet verfügbar sein. Die Abwicklung von insgesamt 376 öffentlichen Dienstleistungen muss innerhalb der nächsten drei Jahre in das Netz verlegt werden. Ein enormer Kraftakt, den der öffentliche Sektor hier vollbringen muss. Die moderne Informationstechnologie wird ihn ermöglichen.

Diese Beispiele sind nur der Anfangsschritt in eine weit reichend vernetzte, öffentliche Welt, die in Zukunft jedem Bürger offen stehen wird. Nach Einschätzung von Experten könnten durch ein elektronisches Beschaffungswesen mindestens fünf Milliarden Euro in den öffentlichen Haushalten eingespart werden. Doch bis zur vollständigen Transformation der öffentlichen Ämter in digitale Dienstleistungseinrichtungen ist es noch ein weiter Weg.

Bislang dominiert in der elektronischen Verwaltung – bei Bund, Ländern wie Kommunen – immer noch das Bestreben zu informieren.

Ergänzend dazu kommunizieren Bürger und Ämter über E-Mail miteinander. Hingegen ist es bislang kaum möglich, Formulare in direkter Verbindung mit dem zuständigen Amt über das Netz auszufüllen oder den Informationsaustausch – ähnlich wie beim E-Commerce – mit einer Geldtransaktion zu verknüpfen. Selbst die weltweit führenden digitalen Bürgerdienste haben erst 60 Prozent des heute schon möglichen Potenzials des E-Government ausgeschöpft.

Aber E-Government bedeutet mehr, als leistungsstarke Technologie für elektronisch gestützte Verwaltungsabläufe bereitzustellen. Um den Bürgern einer E-Society sowohl den hohen Komfort als auch die Partizipation am öffentlichen Geschehen in vollem Umfang zu ermöglichen, muss Informationstechnologie so eingesetzt werden, dass sie demokratische Vorgänge konsequent umsetzt und unterstützt. Dazu gehört auch die Überwindung der „Digitalen Spaltung" in „User" und „Loser" als Grundvoraussetzung für die Meinungsbildung über das Netz.

E-Voting ist vor dem Hintergrund einer zunehmend vernetzten Gesellschaft als realistische Alternative zur indirekten Briefwahl zu sehen – besonders wenn man berücksichtigt, dass in zweieinhalb Jahren rund 60 Millionen Internet-Anschlüsse in Deutschland existieren könnten. Allein bei der letzten Wahl haben sich acht Millionen Bürger nicht etwa für den Gang zur Urne, sondern für die indirekte Wahl per Brief entschieden. Hier gilt es, wie in anderen europäischen Ländern Gas zu geben und Online-Wahlen möglichst schnell wahr werden zu lassen. Das erfordert natürlich ein hohes Maß an Vertrauen von Seiten der Internet-Nutzer in die Sicherheit dieses Mediums. Dieses zu stärken, muss zum erklärten Ziel der Bemühungen von Industrie und Politik werden.

Die Initiative D21, im Jahr 1999 gegründet und mittlerweile die größte Public-Private-Partnership dieses Landes, hat es sich zum Ziel gesetzt, die Transformation von der Industrie- zur Informationsgesellschaft zu beschleunigen und Deutschland fit zu machen für den internationalen Wettbewerb. Rund 300 Wirtschaftsunternehmen, Persönlichkeiten und Institutionen tragen diesen gemeinnützigen, branchen- und parteiübergreifenden Verein, der wichtige gesellschaftliche Impulse in Bereichen wie Bildung und Qualifizierung, „Digitale Spaltung" und Sicherheit im Internet gibt.

In meiner Funktion als Vorsitzender der Initiative D21 freut es mich ganz besonders, das Vorwort für dieses Buch beizusteuern. „E-Government und der moderne Staat" beschreibt umfassend und in internationaler Dimension die aktuellen Voraussetzungen, Hürden und Chancen auf dem Weg zum E-Government. Booz Allen Hamilton skizziert umfangreiche Projekterfahrungen und gibt wertvolle, praktische Hilfen für grundlegende und fortgeschrittene Lösungen im E-Government.

Am Schluss bleibt nur eines zu sagen: Technische Machbarkeit und eine gesicherte Finanzierung sind Voraussetzungen, aber keine Garanten für den Erfolg von Online-Verwaltungen. Auch der Charakter der bisherigen Verwaltungskultur muss sich ändern, und zwar dahingehend, dass endlich kurze Kommunikationswege, flache Hierarchien und gezielte Projektarbeit in allen Bereichen der öffentlichen Verwaltung Einzug halten. Wirtschaft und Politik müssen gemeinsam darauf hinarbeiten, staatliche Bürokratien in effiziente und transparente Online-Dienstleistungseinrichtungen zu verwandeln. Denn E-Government bedeutet in letzter Konsequenz: Der Bürger muss zum Kunden und der Beamte zum Dienstleister werden.

Erwin Staudt

Vorsitzender der Initiative D21

1   Das neue Umfeld

Ausgangssituation

Bis auf wenige Ausnahmen haben Regierungen weltweit erst spät auf das Internet reagiert. Und das, obwohl dieses Medium auf die Initiative einer „Behörde", nämlich des amerikanischen Verteidigungsministeriums, zurückzuführen ist. Bislang konzentrierten sich Regierungen und Verwaltungen größtenteils darauf, das Wachstum des Internet zu fördern, damit es seine Vorteile im Privatsektor entfaltet. Dies ändert sich seit kurzem: Mit E-Government zeichnet sich nach E-Commerce und E-Business der nächste vom Internet getriebene Wandel ab.

Die enormen Erwartungen an die „New Economy" sind mit dem Börsenabschwung im Jahr 2001 zwar vorläufig enttäuscht worden. Die Grundlage für die Zukunft ist jedoch weiterhin eine vernetzte, wissens- und ideenbasierte Gesellschaft und Wirtschaft. Innovative Ideen und Technologien bilden die Schlüssel zur Schaffung von Arbeitsplätzen und Realisierung eines höheren Lebensstandards. Charakteristika sind der stark steigende Anteil der Beschäftigten im Dienstleistungssektor, bessere Löhne sowie eine zunehmend wachsende Anzahl von hoch qualifizierten Arbeitsplätzen. Auf Grund des intensivierten Wettbewerbs und zunehmender Transparenz wächst auch der Handel weiterhin. Die Wettbewerbsfähigkeit wiederum verlangt ständige Innovation. Traditionelle Wertschöpfungsketten verlagern sich oder lösen sich völlig auf: Es bilden sich Unternehmen mit Produkten, die so vorher nicht existierten und die zum Teil an den neu geschaffenen elektronischen Marktplätzen gehandelt werden. Als Hauptorganisationsprinzip der New Economy hat sich eine außergewöhnliche Dynamik von Netzwerken, Partnerschaften und Joint Ventures herausgebildet. Engere marktwirtschaftliche Beziehungen hängen stark mit technologischen Entwicklungen, vor allem dem Internet, zusammen. Es geht also gleichermaßen um neue organisatorische Modelle wie um neue Technologien.

Das Internet mit seinem enormen Potenzial, die Effizienz und Schnelligkeit zu steigern, ist die kritische Komponente der neuen Informationsgesellschaft. Völlig neue organisatorische Unternehmensmodelle sind entstanden. So wickeln beispielsweise einige Unternehmen ganze Zulieferketten nur noch via Internet ab. Unternehmen wie der Computerhersteller Dell stellen ihre gesamte Produktpalette ins Netz, wo der Nutzer das für ihn maßgeschneiderte Rechnermodell bestellt. Gleiches gilt für ausgewählte Handelssparten wie Software, CDs und Bücher.

Die schnelle Verbreitung und die stetig wachsende Nutzung des Internet führen zur „vernetzten Gesellschaft". Nicht nur Unternehmen und deren Wertschöpfungsketten sind elektronisch verknüpft, auch Privatpersonen bedienen sich des schier unbegrenzten Informations- und Serviceangebotes: E-Mails, eine persönliche Internet-Seite, der Bezug und Austausch aktuellster Informationen, Online-Shopping, Banktransaktionen und vieles mehr sind für einen zunehmenden Teil der Bevölkerung selbstverständlich geworden. Transparenz bzw. globale Vergleichbarkeit setzen Anbieter unter Wettbewerbsdruck und verlangen eine höhere Dienstleistungsmentalität. Tempo, Flexibilität und Innovation – so lauten die neuen Regeln in der Wirtschaft und zunehmend auch in der Gesellschaft.

Das Internet erhöht durch die gesteigerte Transparenz auch den Wettbewerb zwischen Ländern. Standortfaktoren und finanzielle Anreizsysteme sind so vergleichbar geworden wie Angebote von Telekommunikationsunternehmen oder Reiseveranstaltern. Unternehmer mit Investitionsabsichten können heute problemlos z. B. alternative Ansiedlungen bewerten und sich die besten Plätze sichern.

Im privaten Bereich sind Internet-Nutzer mehr und mehr an ein unbegrenztes Informations- und Serviceangebot gewöhnt. Man kann beispielsweise rund um die Uhr Bücher über das Internet bestellen und bequem Preisvergleiche bei Stromversorgern und Reiseveranstaltern anstellen. Wer keine Zeit hat, zu den Öffnungszeiten seine Bankgeschäfte zu erledigen, hat per Online-Banking die Möglichkeit, rund um die Uhr Überweisungen zu tätigen. Nachrichten mit dem aktuellsten Stand sind jederzeit abrufbar; gleichzeitig erweitert sich das Angebot täglich. Die neuartige Transparenz des Internet führt zu verstärktem Wettbewerbsdruck und erhöhter Dienstleistungsmentalität auf Seiten der Anbieter.

Das rasche Vordringen des Internet und seiner Anwendung – zunächst durch E-Business-Konzepte in der Wirtschaft, dann durch die wachsende privatgesellschaftliche Nutzung – hat eine weitere Konsequenz: Ansprüche von Bürgern und Unternehmen steigen auch gegenüber Regierungen und Behörden.

Auswirkungen auf den Staat

Zu Beginn des 21. Jahrhunderts sehen sich staatliche Stellen mit zahlreichen zusätzlichen Herausforderungen konfrontiert. Der Handlungsbedarf gegenüber Wirtschaft und Gesellschaft, aber auch innerhalb und zwischen Behörden und Verwaltungen, ist gleichermaßen dringlich. Gefordert wird die Schaffung einer modernen Infrastruktur, um bisherige Dienstleistungen deutlich auszuweiten und wesentlich komfortabler anzubieten. Entsprechend der neuen Bedürfnisse und Erwartungen sollen Angebote schneller und flexibler erbracht werden. Der Idealzustand: Bequemer Zugang zu Formularen, Ämterinformationen und Anträgen rund um die Uhr an sieben Tagen in der Woche sowie maßgeschneiderte Angebote. Bürger und Unternehmen verstehen sich nicht länger als Antragsteller, sondern als Kunden staatlicher Behörden und Regierungsorganisationen. „Kundenzentriert" ist das Stichwort.

Dieses neue Selbstverständnis verlangt von staatlichen Stellen ein radikales Umdenken – sowohl hinsichtlich ihrer eigenen Funktion und der Art und Weise, wie sie Dienstleistungen anbieten, als auch in Bezug auf Restrukturierungen ihrer Organisation. Dementsprechend ist ein verbesserter Bürgerservice von Behörden und Regierungsstellen ein entscheidendes Element von E-Government-Projekten. Im ersten Schritt führt dies zu einer enormen Ausweitung der Informations- und Dienstleistungsangebote im Internet: So besitzt bereits jedes dritte der rund 10.000 deutschen Rathäuser einen Webauftritt. Bis zum Jahr 2003 wird der Anteil auf 60 Prozent steigen.

Bisher stellte die Komplexität der Abteilungen und Zuständigkeiten eine der größten Herausforderungen an den Bürger dar. Das Internet hilft hier beispielsweise durch übersichtlich aufbereitete Informationen oder Stichwortsuche. Erst mit der Online-Bearbeitung von Anträgen und Anfragen oder mit der Beratung via E-Mail werden jedoch das Potenzial des neuen Mediums ausgeschöpft.

Daraus resultiert eine zentrale Frage: Inwieweit kann optimiertes staatliches Vorgehen das Handeln von Bürgern und Unternehmen national bzw. regional unterstützen und fördern? Zügig bearbeitete Genehmigungsverfahren, flexible Steueranreize und hohe Effizienz, die mittel- bis langfristig auf Grund niedrigerer Kosten ein niedrigeres Steuerniveau erlaubt, ermöglichen eine erfolgreiche Standortpolitik.

Um die Lücke zwischen Staat einerseits und wissensbasierter Gesellschaft sowie zunehmend digitalisierter Wirtschaft andererseits zu schließen, stehen staatliche Institutionen vor der Herausforderung, schnellstmöglich einen Transformationsprozess in Gang zu setzen. Nur so bestehen Chancen im internationalen Wettbewerb. Wirtschaftliche Entwicklungsprogramme, der Aufbau von Infrastruktur und die Deregulierung sind zu forcieren, um Investitionen und Unternehmensgründungen in Deutschland anzuregen. Nicht nur flexible Steuermodelle bzw. grundsätzlich niedrige Steuersätze steigern die Attraktivität und weitere Entwicklung des Standortes, sondern auch die Beseitigung von regulatorischen Wettbewerbshürden und bürokratischen Innovationshindernissen.

Komplizierte und langwierige Verwaltungsvorgänge sowie mangelnde Transparenz von Abläufen und Prozessen erklären sich durch die historisch geprägte vertikale Organisation von Abteilungen in Behörden und Verwaltungen, trotz offensichtlich notwendiger enger Zusammenarbeit zwischen Angestellten, Abteilungen und Behörden. Hier greifen E-Government-Reformansätze. Beispielsweise können Beamte per Intranet sicher, schnell und problemlos Informationen austauschen. Oder ein Internet-Portal verschafft Bürgern gezielteren Zugang und erlaubt gegebenenfalls die elektronische Antragstellung. Behördenintern können diese wesentlich schneller bearbeitet werden. Das Intranet gewährleistet den horizontalen Austausch von Informationen.

Im Zeitalter des Internet werden daher von Verwaltungs- und Regierungsbehörden neue, möglichst effizient gestaltete Verwaltungsprozesse gefordert. Nach einer aktuellen Erhebung des Deutschen Städtetags laufen in 92 Prozent der deutschen Städte konkrete Modernisierungsmaßnahmen. Der Veränderungsdruck auf staatliche Stellen entsteht nicht zuletzt durch die geldwerten Vorteile intern optimierter Verwaltungsprozesse. Kostensenkungen bieten mittelfristig die Möglichkeit, weitere Programme und Dienstleistungen aufzusetzen und den individuellen Bedürfnissen der Bürger nachzukommen. Das Einsparpotenzial ergibt sich aus der schieren Größe der Ausgaben der öffentlichen Hand. Regierungen können sich an der Privatwirtschaft orientieren: Multinationale Unternehmen erzielen beispielsweise Einsparungen von bis zu zwanzig Prozent, indem sie mit ihrer Lieferantenkette online arbeiten.

Regierungen erkennen, dass sich Prozesse auslagern lassen, und beginnen zu verstehen, dass ihr traditionelles Rollenverständnis massiv zu verändern ist. Dabei entstehen Synergien nicht unbedingt nur durch die Interaktion mit Bürgern und Unternehmen. Auch innerhalb von bzw. zwischen verschiedenen Regierungs- und Verwaltungsstellen lassen sich diese schaffen; beispielsweise indem Angebote und Programme gebündelt werden und die unterschiedlichen Ebenen (Bund, Land und Kommune) gemeinsam Dienstleistungen anbieten. Es besteht die einzigartige Chance, Angebote neu und schnell zu schaffen und zu gestalten sowie überholte Organisationsstrukturen aktuellen Erfordernissen anzupassen. Eine verbesserte Kommunikation innerhalb der Regierungen, die Abschaffung doppelter Arbeitsgänge und professionelles Wissensmanagement führen zusätzlich zu Kostenreduzierungen.

E-Government konfrontiert Regierung und Verwaltungsbehörden mit zahlreichen Erwartungen und Anforderungen. Mit der Einführung von E-Government-Konzepten und dem zunehmenden IT-Einsatz ändern sich die Anforderungen an Regierungsangestellte und Beamte erheblich. Dies fängt schon mit der Ausstattung der Behörden an: Computer und Netzzugänge sind flächendeckend zur Verfügung zu stellen. Bis heute sind noch längst nicht alle Mitarbeiter online oder besitzen eine E-Mail-Adresse. Das moderne Verständnis von öffentlicher Verwaltung beschränkt sich nicht nur auf IT-Zusatzqualifikationen, sondern beinhaltet ebenso ein modifiziertes Selbstverständnis der Mitarbeiter – Kundenorientierung und Leistungssteigerung lautet die Erfolgsformel.

Im Zuge des Wandels hin zu einem kunden- bzw. serviceorientierten Dienstleister muss jede Regierung – national, regional wie kommunal – die Internet-Nutzung aktiv fördern, um eine möglichst große Breitenwirkung in der Bevölkerung zu erzielen. Durch entsprechend gestalteten Unterricht sind Bildungsmaßnahmen auf die neuen Ziele auszurichten. Gleichzeitig bedürfen Infrastrukturmaßnahmen – wie die Ausstattung der Schulen mit Computern, das Angebot von PC- und Internet-

Schulungen, die Einrichtung von Info-Points und öffentlich zugänglichen Internet-Anschlüssen – der finanziellen Absicherung und Ausweitung. Insbesondere solche Bevölkerungsschichten, die ausgeschlossen zu bleiben drohen, sind zu berücksichtigen. Dies gilt vor allem für die ältere Bevölkerung, Bewohner ländlicher Gegenden, Jugendliche mit geringerem Bildungsstand und sozial Benachteiligte. Der „Digitalen Spaltung" zwischen denjenigen Gruppen der Bevölkerung, die sich des Internet bedienen und es sich zu Nutze machen, und denjenigen Gruppen, die diese Chance nicht haben, ist mit entsprechenden Initiativen, wie etwa „Internet für alle" der Deutschen Bundesregierung, aktiv entgegenzuwirken.

Das vorliegende Buch gliedert sich in drei große Themenblöcke: Hintergrund (Kapitel 2 – 4), Anwendungen (Kapitel 5 – 8) und Umsetzung (Kapitel 9 – 11).

Hintergrund

Im folgenden Kapitel, „Grundidee und -konzept von E-Government", werden die Grundlagen von E-Government dargestellt sowie die möglichen Beziehungsmodelle (G2C – Government to Citizen, G2B – Government to Business und G2G – Government to Government) vorgestellt. Verschiedene Stufen von Anwendungen werden erläutert und anhand von Beispielen veranschaulicht.

Das dritte Kapitel, „Hürden und Herausforderungen", behandelt die Netzzugangsmöglichkeiten und die Verbreitung des Internet als Voraussetzung für die Anwendung und Durchsetzung von E-Government-Konzepten. Auf die Gefahr einer Digitalen Spaltung wird eingegangen. Zudem werden Ansprüche der Bürger an E-Government-Konzepte und die sich daraus ergebenden Herausforderungen diskutiert.

Kapitel 4, „Wege zu E-Government im internationalen Vergleich", bietet anhand ausgewählter Beispiele, wie Großbritannien, Australien, Singapur, USA, Frankreich und Deutschland, einen ausführlichen Überblick über unterschiedliche Konzepte und Umsetzungen.

Anwendungen

In Kapitel 5, *„G2C: Mehr Service für den Bürger"*, werden das Portfolio und die Umsetzung der E-Government-Dienstleistungen für den Bürger diskutiert. Zudem wird die Frage beantwortet, wie konkret die Realisierungsreihenfolge der staatlichen Dienstleistungen im Einzelfall aussehen könnte.

Das sechste Kapitel, *„G2B: Der Staat als effizienter Partner"*, befasst sich schwerpunktmäßig mit den Anwendungsmöglichkeiten und beiderseitigen Vorteilen einer Interaktion von öffentlichen Stellen und Unternehmen. Die verschiedenen Servicearten, die in Anspruch genommen werden können, werden in sechs Kategorien gefasst, wobei das Thema elektronische Beschaffung besonders ausführlich behandelt wird.

Kapitel 7, *„G2G: Die Überwindung von Verwaltungsgrenzen"*, behandelt E-Government zwischen und innerhalb von Regierungs- und Verwaltungseinheiten. Möglichkeiten zur Gestaltung und Optimierung staatlichen Handelns, der politischen Steuerung von Verwaltungseinheiten sowie der Zusammenarbeit zwischen staatlichen Stellen werden anhand von Gestaltungsparametern und der Darstellung von notwendigen Voraussetzungen diskutiert.

Kapitel 8, *„E-Government als elektronische Demokratie"*, diskutiert die Möglichkeiten der Online-Interaktion des Bürgers mit dem Staat in Form von Partizipation per Internet-Wahlen. Es werden elektronische „Pilotwahlen" vorgestellt und in diesem Zusammenhang die Aufrechterhaltung der Wahlrechtsgrundsätze diskutiert. Des Weiteren werden Möglichkeiten der politischen Willensbildung und Partizipation anhand ausgewählter Beispiele erläutert.

Umsetzung

Das neunte Kapitel, *„Informationstechnologie – die Voraussetzung"*, befasst sich mit der Rolle der Informationstechnologie in Bezug auf E-Government. Diskutiert werden das Management des notwendigen IT-Portfolios, die fachlichen Anforderungen sowie die Bestimmung der jeweils adäquaten IT-Lösung.

Kapitel 10, *„Realisierungsstrategien"*, beleuchtet die Vielzahl praktischer Ansätze für E-Government-Initiativen im Rahmen einer Typologie behördenübergreifender bzw. landesweiter Strategieoptionen sowie deren Vor- und Nachteile. Die Diskussion orientiert sich an drei idealtypischen Strategiemodellen.

Das Kapitel 11, *„Von der Idee zur Anwendung"*, stellt die grundsätzliche Vorgehensweise im Rahmen eines Projektes zur Umsetzung von E-Government-Konzepten dar. Unabhängig von den jeweils verfolgten Projektzielen müssen als Basis eines Projektes sechs Erfolgsfaktoren gewährleistet sein. Im weiteren Verlauf wird die idealtypische Vorgehensweise gemäß dem von Booz Allen Hamilton entwickelten Ansatz für die Umsetzung von E-Government-Projekten dargestellt.

Ein Ausblick (Kapitel 12) in die Zukunft des E-Government schließt die Betrachtung ab.

2 Grundidee und -konzept von E-Government

Definition von E-Government

Eine klare und einfache Definition des Begriffs Electronic Government zu geben, fällt schwer – zu umfassend und heterogen sind die Anwendungen und Aspekte, die man heute unter diesem Begriff zusammenfasst. Vielmehr bietet es sich an zu beschreiben, was zu E-Government zu zählen ist und was nicht. Nicht alles, was mit Verwaltung und Informationstechnologie zu tun hat, zählt dazu. Informationstechnologie (IT) in der Verwaltung ist kein neues Phänomen. Bereits in den 70er Jahren wurde der Einsatz von Computern im Verwaltungsumfeld, seine Chancen und Risiken, diskutiert. Allerdings hat das Thema mit der zunehmenden Verbreitung des Internet seit Mitte der 90er Jahre eine völlig neue Dimension erreicht. Seitdem geht es nicht nur darum, Dienstleistungen zu automatisieren und Informationen rechnergestützt aufzubereiten, sondern um eine völlig neue Ausrichtung der Tätigkeiten von Regierungsinstitutionen und Verwaltungen. Nachdem Electronic Business die Strukturen von Unternehmen verändert hat und die Art und Weise von Geschäftsbeziehungen weitgehend neu definierte, wird deutlich, dass sich auch die öffentliche Hand diesem Veränderungsdruck nicht entziehen kann. In Anlehnung an den Begriff Electronic Business wurde für dieses Phänomen in den vergangenen Jahren weltweit der Begriff „Electronic Government" geprägt. Ähnlich wie bei E-Business blieb die Bezeichnung E-Government zunächst sehr unscharf und ließ Spielraum für Interpretationen. War zunächst mit E-Government allgemein die Vernetzung von Regierungsinstitutionen durch Datennetze gemeint, so kristallisiert sich zunehmend heraus, dass es weitaus mehr bedeutet. Im Grunde ist Electronic Government die umfassende Neuausrichtung von Regierungen und Verwaltungen auf Bürger und Unternehmen: Diese werden nicht länger als Antrag- oder Bittsteller verstanden, sondern als Kunden und Nachfrager von Dienstleistungen. Beamte oder Verwaltungsmitarbeiter sind somit im eigentlichen Wortsinn Staatsdiener für Bürger und Gesellschaft. Die Informations- und Kommunikationstechnologie macht es möglich. Sie beschränkt sich jedoch nicht auf Internet und Intranet, sondern beinhaltet telefonische Dienstleistungen – z. B. Call Center – sowie elektronische Systeme für Dokumenten- und Work-flow-Management. Electronic Government bezeichnet demnach den umfassenden Einsatz von Informations- und Kommunikationstechnologie in Regierung und Verwaltung mit dem primären Ziel, die Servicequalität für Bürger und Wirtschaft zu erhöhen. Drei Aspekte müssen einer Diskussion des Themas E-Government vorangestellt werden: Modelle, Entwicklungsstränge und die Wertschöpfungskette.

Modelle

E-Government reicht damit weit über eine Informationsseite im Internet hinaus, auf der sich eine Verwaltungsinstitution mit ihren Leistungen präsentiert. Vielmehr umfasst es das gesamte Beziehungsgeflecht von Regierung und Verwaltung: zwischen Verwaltung und Bürgern, zwischen Verwaltung und Wirtschaft, zwischen den unterschiedlichen Verwaltungsinstitutionen sowie die Beziehungen innerhalb einer Institution. In Anlehnung an die Begriffsdefinition aus dem E-Business lässt sich beim E-Government somit zwischen drei Modellen (Abbildung 1) unterscheiden:

- Government to Citizen (G2C),
- Government to Business (G2B),
- Government to Government (G2G).

Unter *G2C* versteht man die Gesamtheit der Beziehungen zwischen Regierung/Verwaltung und dem einzelnen Bürger. Dies betrifft z. B. den Kontakt zwischen Finanzamt und Bürger: Der Bürger gibt online seine Steuererklärung ab und bekommt per E-Mail seinen Steuerbescheid zugeschickt. In gleicher Weise kann die Kommunikation zwischen Bürger und Einwohnermeldeamt im Fall einer Adressänderung verlaufen.

Der Bereich *G2B* beschreibt das Beziehungssystem zwischen Regierung/Verwaltung und einzelnen Unternehmen. Beispielhaft dafür ist, dass sich ein ausländisches Unternehmen per Internet oder Call Center über eine Stadt als potenziellen Investitionsstandort informiert oder ein Unternehmer via Internet einen Antrag auf Fördergelder stellt. Weitere Anwendungen bieten sich für das so genannte E-Procurement oder E-Sourcing an, den Einkauf sowie die Ausschreibung von Aufträgen der öffentlichen Hand über das Internet.

G2G deckt sowohl die Beziehungen zwischen verschiedenen Regierungs- und Verwaltungsebenen ab als auch jene innerhalb einer Verwaltungsinstitution. Dazu zählt etwa der Austausch von Daten zwischen Einwohnermeldeamt und Stadtwerken oder innerhalb der Finanzbehörden.

Neben diesen drei Grundmodellen gibt es eine Vielzahl weiterer Beziehungssysteme: zu Mitarbeitern, Verbänden, wissenschaftlichen Instituten, Nichtregierungsorganisationen (NGO) oder halbstaatlichen Einrichtungen. Das vorliegende Buch baut jedoch auf den drei Grundmodellen auf und folgt nicht – wie dies teilweise in der eher wissenschaftlichen Literatur geschieht – einer weiteren, kaum mehr überschaubaren Auffächerung von Modellen. Eine zu detaillierte Aufgliederung der drei E-Government-Modelle sollte man mit Vorsicht betrachten. Dieser Versuch führt auf Grund der Vielzahl interagierender Organisationen nur

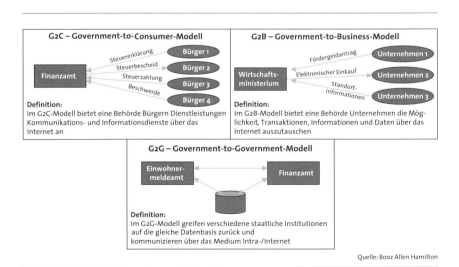

Abbildung 1: E-Government-Modelle

zu einer verwirrenden begrifflichen Vielfalt, ohne Mehrwert zu erzeugen, und wird in diesem Buch nicht weiter verfolgt.

Die Abgrenzbarkeit der Beziehungsmodelle ist zudem selten trennscharf. Vorgänge betreffen häufig zunächst den G2C-Bereich und können sodann nahtlos in den G2G-Bereich übergehen, beispielsweise bei einem Bauantrag, der von verschiedenen Verwaltungsstellen bearbeitet werden muss. „Medienbrüche" zu verhindern ist dabei ein zentrales Ziel. Das heißt, ein Prozess sollte vollständig innerhalb eines geschlossenen Mediums ablaufen. Es sollte nicht passieren, dass ein Antrag zunächst auf elektronischem Weg eintrifft, dann aber vom Verwaltungsangestellten ausgedruckt und in Papierform weiterbearbeitet wird, um die Antwort an den Bürger als traditionellen Brief zu verschicken. Das volle Potenzial von E-Government für reduzierte Durchlaufzeiten und sichere Datenvalidität wird so nicht ausgeschöpft. Das verdeutlicht, dass elektronische Schnittstellen zum Bürger/Unternehmen bei weitem nicht ausreichen, sondern insbesondere die Bearbeitungsprozesse innerhalb der Verwaltung umgestaltet werden müssen. Hier liegt der eigentliche Schwerpunkt und sicherlich auch der schwierigste Teil in der Umsetzung von E-Government-Konzepten.

Entwicklungsstränge

E-Government verbindet dementsprechend drei Entwicklungsstränge (Abbildung 2), die schon in den vergangenen Jahren vereinzelt die öffentliche Verwaltung beeinflussten: Informationstechnologie, Management-Innovationen und New Public Management. Zunächst interessieren rein informationstechnologische Aspekte: Welche IT-Infrastruktur wird benötigt? Wie wird sichergestellt, dass Unbefugte keinen Zugriff auf Daten haben? Wer muss mit welchen Endgeräten ausgestattet werden? Wie lassen sich Endgeräte für einen schnellen Datenaustausch vernetzen?

Darüber hinaus finden im Rahmen von E-Government Ideen Eingang in die öffentliche Verwaltung, die der Managementtheorie und -praxis der letzten Jahre entstammen. Insbesondere sind die Neugestaltung von Ablaufprozessen (Business Process Redesign), Ansätze für Change-Management, Wissensmanagement und Customer Relationship Management zu nennen.

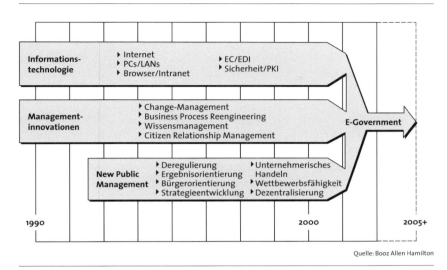

Informations-technologie	▶ Internet ▶ PCs/LANs ▶ Browser/Intranet	▶ EC/EDI ▶ Sicherheit/PKI	
Management-innovationen	▶ Change-Management ▶ Business Process Reengineering ▶ Wissensmanagement ▶ Citizen Relationship Management		**E-Government**
New Public Management	▶ Deregulierung ▶ Ergebnisorientierung ▶ Bürgerorientierung ▶ Strategieentwicklung	▶ Unternehmerisches Handeln ▶ Wettbewerbsfähigkeit ▶ Dezentralisierung	

1990   2000   2005+

Quelle: Booz Allen Hamilton

Abbildung 2: E-Government-Entwicklungsstränge

Schließlich ergeben sich Fragen, die unter dem Schlagwort „New Public Management" zusammengefasst wurden: Welche Dienstleistungen müssen hoheitlich ausgeführt werden? Welche Leistungen sind zu privatisieren? Welche Tätigkeiten sollten zentralisiert, welche dezentralisiert werden? Wie ist die Kostenorientierung in der Verwaltung sicherzustellen und institutionalisierbar? Alle drei Stränge sind bei der Einführung von E-Government-Konzepten zu beachten und stellen hohe Anforderungen an das Projektmanagement (vgl. hierzu im Detail Kapitel 11).

Wertschöpfungskette: Information, Kommunikation und Transaktion

Bei den Anwendungen von Konzepten für das E-Government lassen sich drei grundsätzliche Arten unterscheiden:

- Information,
- Kommunikation,
- Transaktion.

Sie können sowohl das Beziehungsgeflecht G2C als auch G2B oder G2G betreffen. So fallen unter die Anwendungsart Information alle Vorgänge, in denen sich Bürger, Unternehmen oder Verwaltungseinrichtungen bei einer öffentlichen Institution über einen bestimmten Sachverhalt informieren. Das kann ein Unternehmen sein, das auf elektronischem Weg Informationen über Investitionszuschüsse sucht. Oder ein Bürger, der auf der Internet-Seite des Einwohnermeldeamtes nachschaut, welche Unterlagen er zur Verlängerung seines Reisepasses mitbringen muss. Oder das Wirtschaftsministerium, das sich im Nachbarressort über eine Gesetzesvorlage informieren möchte. Informationen werden zur Verfügung gestellt und vom Nutzer abgefragt; der Kontakt kommt über das Internet zu Stande. Das Beziehungssystem ist jedoch einseitig organisiert, d.h. es gibt keinen wechselseitigen Austausch von Informationen.

Interaktiv wird es erstmals bei der Anwendungsart Kommunikation: Hier kommt es zu einem Informationsaustausch zwischen den Teilnehmern: Der Bürger schreibt per E-Mail eine Beschwerde an seinen Bundestagsabgeordneten und dieser schickt auf elektronischem Weg eine

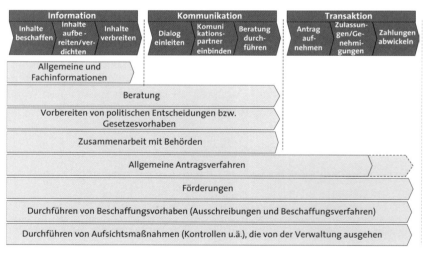

Quelle: Umsetzungsplan BundOnline 2005, Booz Allen Hamilton

Abbildung 3: E-Government-Wertschöpfungskette

Antwort. Ein Unternehmer gibt online Informationen zu seinem geplanten Investitionsprojekt ab und bekommt über die Internet-Seite der regionalen Wirtschaftsförderungsgesellschaft online maßgeschneidert dargestellt, mit welchem Fördervolumen er rechnen kann. Das Wirtschaftsministerium fordert online Daten beim Statistischen Landesamt an, welches diese wiederum online zustellt.

Bei der Anwendungsart Transaktion kommt es – ähnlich wie beim E-Commerce – zu einer Art Vertragsabschluss: Der Bürger beantragt online einen Anwohnerparkausweis, das Unternehmen nimmt via digitalem Marktplatz an einer öffentlichen Ausschreibung teil, oder das Einwohnermeldeamt bestellt online bei der Bundesdruckerei einen Reisepass und gibt die erforderlichen Daten weiter.

Auch die Einteilung der Dienstleistungstypen entlang der Wertschöpfungskette (Abbildung 3) ist nicht überschneidungsfrei, stellt jedoch einen vereinfachenden Orientierungsrahmen dar. Viele Regierungen und Verwaltungen gehen schrittweise vor: Sie stellen zunächst Informationen bereit, integrieren dann Möglichkeiten für die Kommunikation und realisieren schließlich in weit fortgeschrittenem Stadium Transaktionen. Das hängt zum einen mit den technologischen Anforderungen zusammen, zum anderen mit der Komplexität der Veränderungen: Von der Information zur Transaktion steigen sowohl die Anforderung an die eingesetzte Technologie (Stichwort: digitale Unterschrift bei Transaktionen) als auch der Veränderungsbedarf in Prozessen und Zuständigkeiten. Die meisten Regierungen und Verwaltungen in Westeuropa haben bereits die Phase „Information" erfolgreich durchdrungen. Heute gehört es für Kommunen und Landesregierungen in Deutschland zum guten Ton, im Internet präsent zu sein und Informationen über Öffnungszeiten von Behörden, Zuständigkeiten oder den Standort anzubieten. Viele Verwaltungsstellen beschäftigen sich derzeit mit Kommunikationsanwendungen; Transaktionsangebote gibt es in Deutschland bislang nur ansatzweise.

Ziel für alle Anwendungsarten ist es, die Schnittstelle zum Nutzer so einfach wie möglich zu gestalten. Ihm soll in seinem Anliegen schnell, mit möglichst nur einem Kontakt zur Verwaltungsstelle, geholfen werden – ohne von einem Sachbearbeiter zum anderen, von einer Telefonnummer oder Internet-Seite zur nächsten verwiesen zu werden. Die Verwaltung soll für den Nutzer als „One-Stop-Shop" funktionieren. So soll der

Bürger seine Anfrage oder seinen Antrag bei einer Stelle abgeben und muss sich ab diesem Augenblick nicht mehr darum kümmern, welchen Weg der Vorgang nimmt. Er hat nur eine Kontaktstelle und nicht mehrere. Grundlegend für dieses Prinzip ist es, die Bearbeitung in ein „Front Office" als Schnittstelle zum Kunden (Bürger/Unternehmen/Verwaltung) und ein „Back Office" für den eigentlichen Bearbeitungsprozess einzuteilen. Mit dem Back Office hat der Kunde meistens gar keinen Kontakt; er kommt erst dann wieder mit der Verwaltung in Berührung, wenn er vom Front Office das Ergebnis seiner Anfrage erhält, z. B. einen Bescheid. Front Office und Back Office sind organisatorisch getrennt und können auch ganz unterschiedliche Medien nutzen: Das Front Office ist möglicherweise ein Bürgertelefon oder eine einfache Internet-Seite, das Back Office die traditionelle Verwaltungsstelle, die ihre Aufgaben jetzt internetgestützt erledigt.

Die Schnittstelle zum Bürger wird zunehmend nach dem so genannten Lebenslagenprinzip aufgebaut. So gibt es beispielsweise ein Angebot zur Lebenslage „Hochzeit", wo Formalitäten und Dienstleistungen rund um die Eheschließung zu finden sind. Unter „Arbeitsplatz" sind Informa-

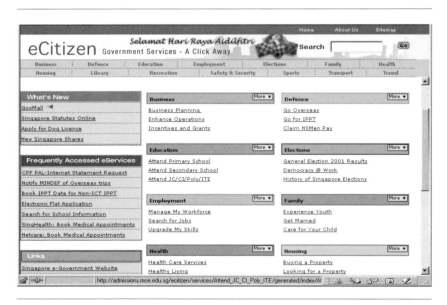

Abbildung 4: Beispiel E-Citizen-Portal aus Singapur (www.ecitizen.gov.sg)

tionen und Angebote zur Jobsuche gespeichert, bei „Gesundheit" Hinweise zu Krankheiten oder Präventionsmaßnahmen. Das Lebenslagenprinzip stellt sicher, dass der Kunde die gewünschte Information intuitiv und schnell findet – ohne Suchmaschinen oder vage Suchbegriffe mit einer unüberschaubaren Zahl von Trefferseiten (Abbildung 4).

Die Entsprechung der Lebenslagen für die Unternehmen sind „business episodes", Geschäftsepisoden, wie z. B. Unternehmensgründung, Fusion, Gründung von Niederlassungen und dergleichen.

Portale wirkungsvoll nach dem Lebenslagenprinzip zu realisieren und nicht bloß eine Link-Sammlung anzubieten, ist eine anspruchsvolle Aufgabe für die öffentliche Verwaltung. Häufig müssen Angebote von unterschiedlichen Institutionen auf verschiedenen Verwaltungsebenen (Bund, Land, Kommune) oder gar über Verwaltungsgrenzen hinweg miteinander vernetzt werden. Eine Abwicklung möglichst frei von Medienbrüchen auch bei diesen komplexen Vorgängen sicherzustellen, das ist die große Herausforderung.

3 Hürden und Herausforderungen

Das Internet eröffnet der Regierung und der Verwaltung neue Perspektiven. Durch E-Government lassen sich Prozesse vereinfachen und effizienter gestalten. Gleichzeitig kann das Serviceangebot für Bürger und Unternehmen deutlich verbessert werden. Eine Internet-Präsenz ist jedoch immer nur eine von mehreren Schnittstellen. Das Internet ist nicht für alle Dienstleistungen das geeignete Medium bezüglich Kommunikation oder Transaktion. Nicht selten wird der persönliche Kontakt zwischen den Akteuren gewünscht und unerlässlich bleiben, auch wenn befriedigende und sichere Möglichkeiten für digitale Unterschriften etabliert sind. Für bestimmte Kommunikationsanwendungen kann ein Bürgertelefon effizienter sein als ein Internet-Angebot. Außerdem wird es weiterhin Bevölkerungsgruppen geben, die entweder keinen Internet-Anschluss oder keine ausreichende Kenntnis über die Nutzung von Internet-Angeboten haben. Um ihnen den Zugang zur Verwaltung nicht zu erschweren, wird es auch künftig das traditionelle Amtszimmer für den persönlichen Kontakt zwischen Bürgern und Verwaltungsangestellten geben. Auf absehbare Zeit kann daher E-Government nur über ein „Multi-Kanal"-Konzept funktionieren, in dessen Rahmen das Internet neben Telefon und traditionellem Bürgerbüro eine zunehmend wichtigere Rolle einnimmt.

Der erfolgreiche Einsatz von E-Government erfordert zunächst die weite Verbreitung der Online-Nutzung in der Bevölkerung. In diesem Abschnitt werden die Hürden für E-Government, die sich aus der Nichtnutzung des Internet durch die Bürger ergeben, sowie die dahinter liegenden Beweggründe und Verhaltensweisen diskutiert und ansatzweise quantifiziert. Ebenso werden die Aspekte „Attraktivität der Online-Behörde", Benutzerfreundlichkeit und Datenschutz behandelt.

Die Betrachtung der generellen Verbreitung der Online-Nutzung und der ihr entgegenstehenden Hürden ist eine Sache. Wichtiger noch ist es, sich zu verdeutlichen, welche besonderen strukturellen Unterschiede hinsichtlich bestimmter demographischer Gruppen und besonderer „Problemgruppen" es bei der weiteren Verbreitung der Online-Nutzung gibt. Das Problemfeld „Digitale Spaltung", also die Tendenz einer sich möglicherweise sogar weitenden Lücke zwischen den Nutzern und Nichtnutzern hinsichtlich Einkommen, Bildung, Beschäftigungsmöglichkeiten usw., ist häufig diskutiert worden. Unter anderem haben Studien von Booz Allen Hamilton in Großbritannien und Deutschland gezeigt, dass das freie Spiel der Marktkräfte nicht ausreichen wird, um einen fairen und gleichberechtigten allgemeinen Netzzugang für alle Bürger auch nur annähernd sicherzustellen. Die Schaffung eines allgemeinen Netzzugangs erfordert vielmehr ein koordiniertes Zusammenspiel von Maßnahmen der Regierungen auf Bundes- und Landesebene, öffentlicher Institutionen und privatwirtschaftlicher Unternehmen.

Die Online-Nutzerzahlen in Deutschland sind in den vergangenen Jahren kontinuierlich angestiegen. Ende 2001 waren fast 31 Millionen Bürger über 14 Jahren in Deutschland Internet-Nutzer (Abbildung 5). Dies entspricht einem durchschnittlichen jährlichen Wachstum von circa 30 Prozent seit Ende 1998.

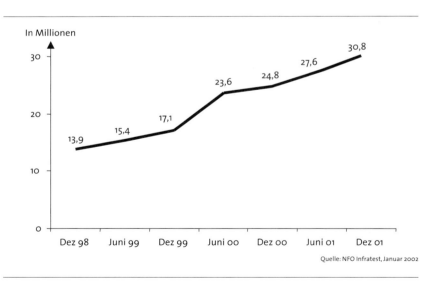

Quelle: NFO Infratest, Januar 2002

Abbildung 5: Entwicklung der Online-Nutzerzahlen in Deutschland; Dezember 1998 bis Dezember 2001

Digitale Spaltung

Eine Studie von Booz Allen Hamilton in Zusammenarbeit mit der Initiative D21 stellte im August 2000 den beunruhigenden Trend fest, dass sich durch die Steigerung der Internet-Nutzung im „natürlichen" Wachstumsverlauf die Kluft zwischen Internet-Durchdringungsgrad und sozio-demographischer Verteilung weiter vergrößert. Insbesondere wurde diagnostiziert, dass die „Digitale Spaltung", also die Abweichung der Internet-Nutzerverteilung von der Zusammensetzung der Gesamtbevölkerung, bestimmte Bevölkerungsgruppen (z. B. Menschen mit geringer Schulbildung, Senioren, Frauen, Arbeitslose, Bewohner ländlicher Gebiete) benachteiligen werde, wenn nicht aktiv mit geeigneten Unterstützungsmaßnahmen gegengesteuert wird. Die Ausgrenzungseffekte sind massiv und gewinnen im gleichen Maße weiter an Bedeutung, wie staatliche und private Dienstleistungen auf das Internet verlagert werden. Dort wird leichteres, informierteres, schnelleres oder kostengünstigeres Handeln für den Einzelnen möglich. Die Booz Allen

1. Angebot finanzieller Anreize für Unternehmen zur Förderung ihres Engagements bei der Schaffung von Internet-Zugängen oder bei der Verminderung von Barrieren

2. Schaffung von Zugangsmöglichkeiten zum Internet sowie von bedarfsgerechter Information und Trainingsmöglichkeiten in öffentlichen Einrichtungen für benachteiligte Anwendergruppen

3. Realisierung eines Angebotes an Lehrinhalten, Fortbildungskursen und -materialien für die Internet-Nutzung und Förderung des Engagements von Internet-Multiplikatoren

4. Nutzung des Internet als ein Instrument der Fortbildung und des lebenslangen Lernens

5. Ermutigung passiver Nutzer, das Internet als „power player" aktiv zu nutzen: über finanzielle Anreize, über eigene Webseiten oder, falls es sich um Unternehmen handelt, über Handelsplattformen

6. Übernahme einer Vorreiterrolle durch die öffentliche Verwaltung und Nutzung dieses Einflusses auf den Markt

7. Fortlaufende Erfassung, Untersuchung und Überwindung von Hindernissen für die Entwicklung des heimischen Internet- und E-Commerce-Marktes (inkl. übergreifender Koordination und Schaffung eines hohen Bekanntheitsgrades)

Quelle: Booz Allen Hamilton, Initiative D21: Digitale Spaltung in Deutschland – Ausgangssituation, internationaler Vergleich, Handlungsempfehlungen

Abbildung 6: Grundsätze auf dem Weg zu einem allgemeinen Netzzugang

Hamilton-Studie und die dort gegebenen Handlungsempfehlungen für den Weg zu einem diskriminierungs- und ausgrenzungsfreien allgemeinen Netzzugang (Abbildung 6) fanden erhebliches Echo in der Presse sowie in der wissenschaftlichen und politischen Diskussion.

Viele Punkte wurden früh in Maßnahmenpakete und politische Entscheidungen eingebunden. Das Initiativprogramm der Bundesregierung „Internet für alle" griff die Empfehlungen von Booz Allen Hamilton für sein 10-Punkte-Programm weitgehend auf.

Zwei grundlegende Faktoren, die direkten Einfluß auf die „Digitale Spaltung" haben, sollen hier kurz erörtert werden: Wer sind diese „Offliner" denn wirklich und welches Internet-Konsumentenverhalten weisen sie auf? Welche Haupthürden können bei diesen Offlinern identifiziert werden, die verhindern, dass sie den Schritt ins Internet vollziehen, und wie kann – insbesondere von Seiten des Staates im Hinblick auf die Förderung von E-Government – Abhilfe geschaffen werden?

Eine Reihe von Studien haben zwei große Gruppen an Internet-Nichtnutzern herausgearbeitet: Die Gruppe der „Nichtnutzer/Offliner" und die Gruppe der „Online-Verweigerer". Neben bisherigen Offlinern stellen auch diejenigen Personen eine Herausforderung für E-Government dar, die zwar Online-Nutzer sind, Transaktionen und Rechtsgeschäften via Internet aber skeptisch oder ablehnend gegenüber stehen. Analog zum Online-Banking kann angenommen werden, dass die Transaktionsabstinenzler an erster Stelle Sicherheitsbedenken als Grund für die Nichtnutzung von Online-Transaktionen anführen. Weitere Gründe für die Nichtinanspruchnahme sind geringe Benutzungsfreundlichkeit und fehlende Beratung.

Die Inhalte und Kommunikationsmöglichkeiten des Internet sind Nichtnutzern/Offlinern durchaus bekannt und werden weitgehend als interessant empfunden, wenn auch konkrete individuell interessierende Inhalte nur vage benannt werden. Auffällig ist, dass Offliner bei konkreter Beschreibung von E-Commerce- und Unterhaltungsfunktionen (Online-Shopping, Chat etc.) diese als relativ unattraktiv ansehen. Allein aus den Inhalten bzw. dem diffus erscheinenden praktischen Nutzwert des Internet für den Einzelnen ist anscheinend kein starker Impuls für die weitere Verbreitung des Internet unter dieser Personengruppe zu verzeichnen.

Unter den Online-Verweigerern sind drei Gruppen zu unterscheiden:

- im Grunde Nutzungswillige, die aber wegen sozialer, körperlicher oder intellektueller Einschränkungen (noch) nicht die Möglichkeit der Nutzung haben,
- Unwissende („kenne ich nicht genug", „brauche ich nicht"),
- „Totalverweigerer" (grundsätzliche Ablehnung, „keine Lust").

Die individuellen Gründe der Online-Verweigerer für die Nichtnutzung des Internet sind vielschichtig. Von „Verweigerung" kann im Grunde nur gesprochen werden, wenn Menschen aus persönlichem Kalkül die Nutzung des Internet ablehnen. Laut der ARD/ZDF-Offliner-Studie 2000 lehnen nur 19 Prozent der Offliner das Internet grundsätzlich ab.

Daneben gibt es eine Reihe von Gründen für die Nichtnutzung, die zunächst außerhalb des Einflussbereiches des Einzelnen liegen (Abbildung 7), z. B. Einkommens- und soziale Verhältnisse oder mangelnde Fähigkeiten für die Nutzung der derzeit vorherrschenden Zugangstechnologien, die der Einzelne nicht ohne Hilfe überwinden kann.

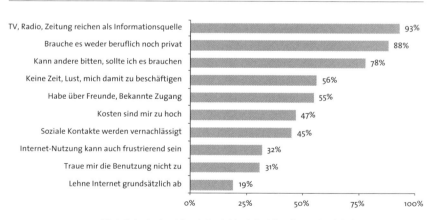

1) Basis: Befragte ab 14 Jahren in Deutschland, die nicht online sind; Mehrfachnennungen möglich

Abbildung 7: Gründe für Nichtnutzung des Internet 2000

Noch weitaus herausfordernder ist die Verwendung des Internet bei Bevölkerungsgruppen, die z. B. wegen körperlicher Behinderungen, aus Alters- oder Krankheitsgründen nicht in der Lage sind, standardisierte, auf den Normalbürger zugeschnittene Zugangsgeräte zu bedienen.

Die meisten Gründe für die Nichtnutzung des Internet durch die vermeintlichen Verweigerer bestätigen eher das Unwissen bzw. eine mangelhafte Information über die realen Möglichkeiten des Online-Mediums als eine generelle Ablehnung. Wenn z. B. knapp 90 Prozent der Offliner meinen, das Internet weder beruflich noch privat zu brauchen, mag dies im privaten Bereich für den Einzelnen legitim und verständlich sein. Die Aussage, die Potenziale des Internet im beruflichen Bereich nicht zu benötigen, kann in dieser Deutlichkeit nur als Warnsignal gelten. Arbeitgeber, Bildungsinstitutionen und Staat sind hier gefordert, Aufklärungsarbeit zu leisten und den Nutzen des Internet für Information, Weiterbildung, berufliche Anwendung und letztendlich auch für die Anwendung im Privatbereich zu verdeutlichen.

Auf politischer und gesellschaftlicher Ebene sollte die Ausgrenzung dieser Gruppen durch geeignete Maßnahmen weitestgehend ausgeschlossen werden. Für die letztgenannte Gruppe muss dies sogar ausgeschlossen werden. In diesem Kontext und unter dem Aspekt der Absicherung einer breiten Nutzung von E-Government-Angeboten sind als Haupthürden vor allem folgende „Internet-Treiber" zu adressieren: Die Absicherung eines allgemeinen und dementsprechend kostengünstigen Internet-Zugangs, die Schaffung eines breite Bevölkerungsschichten ansprechenden Inhaltsangebotes, die Absicherung der Benutzungsfreundlichkeit bei der Wahrnehmung von E-Government-Angeboten (auch für behinderte Nutzer) und die Gewährleistung von Sicherheit beim Austausch zum Teil personenbezogener Daten.

Anstrengungen von Seiten des Staates

Neben den Hauptzugangsorten (PC von zu Hause, PC am Arbeits- bzw. Ausbildungsplatz und PC bei Freunden oder Verwandten) entstehen zunehmend alternative Zugangsmöglichkeiten an öffentlichen Stellen oder via Handy (WAP oder Laptop mit Handy-Modem). Diese Alternativen werden bislang erst in geringem Maße in Anspruch genommen – circa zwei Millionen Onliner nutzten im Januar 2001 Zugänge an öffentli-

34

chen Orten wie Internet-Cafés und Online-Kiosken (Mehrfachnennungen waren möglich).

Gerade im Bereich öffentlicher Zugänge gibt es derzeit starke Bestrebungen, Alternativen zum heimischen oder dem PC am Arbeitsplatz zu schaffen – einerseits durch kommerzielle, private Betreiber von Internet-Cafés, wie sie seit langem bekannt sind, andererseits aber auch durch Unternehmen und Behörden, die ein eigenes Interesse daran haben, dass ihren Kunden umfangreiche Informationen elektronisch zur Verfügung stehen. Kaufhausketten, Banken und andere Filialisten stellen ihren Kunden zunehmend In-store-Kioske als Online-Zugangsmedien kostenfrei zur Verfügung. Dabei wird häufig eine Vorauswahl verfügbarer Inhalte vorgenommen (z. B. Produktinformationen und Wegweiser); es wird aber auch mehr und mehr der Zugang ins freie Internet als kostenfreie Serviceleistung für die Kunden eingebunden. Behörden stellen in städtischen Ämtern Infoterminals auf, die den Zugriff auf Stadt- und Bürgerinformationen bereitstellen. Bisher haben diese Terminals jedoch meist keinen Zugang zum Internet, sondern stellen nur ein vorgegebenes Angebot an Inhalten bereit. Die Stadt Wien beispielsweise hat zu Beginn des Jahres 2001 die bereits seit 1993/1994 aufgestellten Bürgerinformationsterminals im Inhaltsangebot deutlich erweitert und stellt in allen Bezirksämtern Terminals bereit, die den Zugriff auf alle relevanten Stadt- und Bürgerinformationen erlauben und in Zukunft auch die Erledigung von Amtsgängen ermöglichen werden. Auch eine direkte Sprachverbindung zu den zuständigen Mitarbeitern ist vom Infoterminal aus möglich. Die Terminals werden mit Chipkartenlesern ausgerüstet und ermöglichen so, per digitaler Signatur Amtsgeschäfte an der jeweiligen Zugangsstelle zu erledigen. Fällige Gebühren können ebenfalls am Terminal per Bank- oder Kreditkarte eingezogen werden. Die Stadtverwaltung setzt zur weiteren Verbreitung solcher Zugangsstellen im gesamten Stadtgebiet auf Partnerschaften mit Unternehmen, die auf ihren Terminals ebenfalls die Bürgerserviceplattform der Stadt einbinden sollen. So wurde z. B. in Zusammenarbeit mit zwei Privatunternehmen eine interaktive Litfasssäule entwickelt, die in Zukunft an 300 stark frequentierten Standorten in ganz Wien zum Einsatz kommen soll und eine direkte Verbindung zum interaktiven Service- und Informationsdienst der Stadt Wien beinhaltet. Obschon diese Stadtlösung im Grunde eine geschlossene Menge an Inhalten aufweist und keinen direkten Link ins freie Internet besitzt, ist dieser

Ansatz exemplarisch für eine innovative Lösung, auch Bürgern ohne eigenen Internet-Zugang (privat oder am Arbeitsplatz) die elektronische Nutzung von städtischen Dienstleistungen und lokalen Informationen und Services zu ermöglichen. Gerade die Konzentration auf stadtrelevante Informationen und Dienstleistungen, verbunden mit der einfachen Bedienung über eine Touchscreen-Technologie, macht die Zugangsstellen für ungeübte Nutzer und Offliner komfortabel und benutzerfreundlich und ermöglicht dadurch den Abbau von Hemmschwellen.

Ein weiteres interessantes Beispiel findet sich in Schweden. Dort wurde ein Projekt initiiert, das auf Basis von 140 in ganz Schweden verteilten Kiosken ein eingeschränktes Informationsangebot des öffentlichen Bereichs (z. B. Arbeitsamt, Sozialversicherung) vorstellt. Das Programm wurde als universitär begleitetes Pilotprojekt verschiedener autonom agierender Behörden aufgesetzt und richtet sich primär an Arbeitsuchende, und zwar insbesondere an Menschen, die keine oder geringe Internet-Kenntnisse haben. Die Nutzung ist sehr einfach und erfordert keine Computerkenntnisse. Nutzer berichten teilweise begeistert von dieser Einrichtung und nehmen sie regelmäßig in Anspruch (56 Prozent haben die Einrichtung mehr als neunmal innerhalb der letzten acht Monate, d.h. seit Beginn des Pilotprojektes, besucht). Dieses unter www.medborgartorget.nu ersichtliche Pilotprojekt ist ein gutes Beispiel dafür, wie Behörden – in einem informationstechnisch sehr fortgeschrittenen Land – durch Nutzerorientierung sowie einfache und robuste technische Realisierung einen wesentlichen Beitrag zur Vermeidung der Digitalen Spaltung leisten und gleichzeitig Einsparungen durch reduzierte Anfragenhäufigkeit erreichen können.

Eine große Zahl anderer Initiativen setzt dagegen vordringlich auf das Internet als universelles Zugangsmedium und lehnt geschlossene Systeme als zu kurzsichtig ab. Stattdessen konzentriert man sich – auch mit Sicht auf eine drohende digitale Kluft zwischen bestimmten gesellschaftlichen Gruppen – auf die Förderung der generellen Internet-Kompetenz der Bürger. Beispielhaft sind mit staatlichen Mitteln geförderte Internet-Cafés mit besonderem Zielgruppenfokus zu nennen. In Düsseldorf eröffnete beispielsweise im Mai 2001 das erste Internet-Café für Obdachlose. Das Projekt wird vom Land gefördert und soll die Wohnungssuche via Internet ermöglichen und die Selbstverantwortung der Wohnungslosen fördern.

Des Weiteren wurde im Rahmen einer Informations- und Demonstrationskampagne des Bundesministeriums für Wirtschaft und Technologie – mit Unterstützung der Wirtschaft und in Kooperation mit Kirchenverbänden und Kreisverbänden des Deutschen Roten Kreuz – eine Reihe von praxisnahen Aktivitäten gestartet, die Internet-Nichtnutzern mit Hilfe von Demonstrationen das neue Medium näher bringen soll. Ein weiterer Schwerpunkt der Kampagne ist die zentrale Erfassung von Internet-Zugangs- und Lernorten (ZULOs), die über eine Telefon-Hotline unter Angabe der Postleitzahl abgefragt werden können; gleichzeitig kann auf diesem Weg eine leicht verständliche Internet-Einsteigerbroschüre bestellt werden. Begleitet werden diese Dienste durch eine breite PR-Kampagne in Medien, deren Leserschaft tendenziell Offlinern zuzurechnen ist. Einfache, verständliche Beispiele sollen die Vorteile der Internet-Nutzung übermitteln und zu ersten Gehversuchen im Internet in einem nahegelegenen „ZULO" animieren.

Förderung der Internet-Nutzung durch Arbeitgeber

„Nur vier Prozent der deutschen Arbeitnehmer (knapp über eine Million Personen) besitzen einen vom Arbeitgeber gestellten PC oder Laptop. Dieser Prozentsatz ist halb so hoch wie in Großbritannien und geringer als in Frankreich." Zu diesem Ergebnis kommt eine MORI-Studie im Auftrag der Firma PeoplePC in 2001 zum Beitrag der Arbeitgeber als Motor der digitalen Vernetzung in Deutschland, Großbritannien und Frankreich.

Das Potenzial für die weitere Verbreitung von PC- und Online-Nutzung durch Arbeitgeberinitiativen ist sehr groß. Dies belegen die Studie und Beispiele von Großunternehmen, die bereits Programme gestartet haben, um ihren Mitarbeitern Heim-PCs mit Online-Anschluss oder Online-Zugänge zur Verfügung zu stellen.

Attraktivität der Online-Behörde aus Nutzersicht

Online-erfahrene Nutzer erachten Erleichterungen und Vereinfachungen von Behörden(vor)gängen durch Internet-Technologie als Vorteil und würden sie gerne nutzen. Ungefähr die Hälfte der Online-Nutzer wünscht sich, bestimmte Behörden- und Postgänge einfach per Mausklick zu erledigen. Studienergebnisse und Bürgerbefragungen lassen allerdings nicht den Schluss zu, dass E-Government per se ein bedeutender Treiber für die weitere Verbreitung des Internet darstellt. Offliner werden vermutlich nicht deshalb zu Onlinern, weil virtuelle Rathäuser und Behördenangebote entstehen.

Noch mehr Nutzern (circa 60 Prozent) genügte schon eine „kleine Lösung". Bereits der Download und die Verfügbarkeit von Formularen zum Ausdrucken wird als wesentliche Erleichterung angesehen. Lediglich circa ein Fünftel der Online-Nutzer lehnt E-Government völlig ab und will auch in Zukunft Behördenangelegenheiten lieber persönlich vor Ort mit dem Sachbearbeiter erledigen.

Insbesondere aus Bürgersicht einfache Hilfestellungen und flexibel verfügbare Lösungen finden unter Onlinern besonderen Anklang: Jeweils circa drei Viertel wünschen sich z. B. eine E-Mail-Hotline, die beim Ausfüllen von Anträgen und Formularen schnell, unbürokratisch und individuell hilft. Auch Erinnerungsfunktionen (z. B. eine Erinnerung vom Amt für die termingerechte Abgabe der Steuererklärung oder ein Hinweis per E-Mail auf den bevorstehenden Ablauf von Personalausweis oder Reisepass) oder ein kommunaler Newsletter mit Neuigkeiten aus der Region, zu Gebührenänderungen oder mit Terminankündigungen erscheinen attraktiv.

Der relativ hohen Nutzungsaffinität steht allerdings derzeit noch ein großes Informationsdefizit über die vorhandenen Möglichkeiten gegenüber. Mehr als die Hälfte der Online-Nutzer weiß nicht, ob ihre Gemeinde oder Stadt Online-Behördengänge überhaupt ermöglicht (Ergebnisse einer eMind@emnid-Umfrage unter 1.017 Online-Nutzern, Mai 2001). Obschon keine gesicherten Studienergebnisse – differenziert nach den Bedürfnissen einzelner Bevölkerungsgruppen – hinsichtlich ihrer spezifischen Anforderungen an Online-Angebote von Behörden vorliegen, sind folgende Hypothesen viel versprechend:

- E-Government-Anwendungen sind besonders für diejenigen Bürger interessant und von hohem Nutzen, die regelmäßig oder intensiv Kontakt zu Behörden haben.

- Besonders häufige/regelmäßige Nachfrager sind benachteiligte Gruppen, wie z. B. Langzeitarbeitslose oder Sozialhilfeempfänger.

- Personengruppen in bestimmten Lebenssituationen, die zeitlich begrenzt eine hohe Intensität an Behördenkontakten mit sich bringen – wie z. B. Ausbildung/Berufseinstieg, Heirat, Elternschaft, Eigenheimbau/-kauf, kurzfristige Beschäftigungslosigkeit, Übergang ins Rentenalter – nutzen E-Government-Angebote besonders häufig.

- Vor allem bei benachteiligten Personengruppen mit häufigen Behördenkontakten ist davon auszugehen, dass diese eher über keinen Internet-Zugang verfügen; die Hürden der Nichtnutzung sind darüber hinaus in diesen Gruppen vielschichtiger und schwieriger zu überwinden.

Vor diesem Hintergrund lässt sich feststellen: Behörden müssen somit zunächst eine Informationslücke schließen, um ein zielgruppengerechtes Angebot schaffen zu können. Nur einfache, standardisierbare und für die Mehrheit der Bürger relevante Vorgänge können mit einem vertretbaren Kosten-/Nutzenverhältnis vollständig elektronisch abgewickelt werden.

Für die Mehrzahl der komplexen Vorgänge, die nur für wenige Bürger relevant bzw. in der individuellen Situation des Einzelnen sehr stark erklärungsbedürftig sind, ist die Einbindung von fachkompetenten Sachbearbeitern unumgänglich. Auf der Ebene der einzelnen Behörde ergeben sich daraus anspruchsvolle Herausforderungen: Über einen längeren Zeitraum sind Online/Offline-Parallelstrukturen notwendig, die die Internet-Aktivitäten an vorrangigen Bedürfnissen der Bürger ausrichten sowie das Rollenverständnis und die Qualifizierung der Bediensteten berücksichtigen.

Neben den Herausforderungen für „virtuelle Behörden", die sich aus den Bürgeransprüchen ergeben, lassen unsere Untersuchungen aber auch den Schluss zu, dass der Staat vielfach die Chance hat – durch einfache und/oder in überschaubaren Pilotprojekten realisierbare Anwendungen und Funktionen – einen signifikanten Schub für die Nutzung von E-Government zu bewirken. Hier ist unter anderem an „Transparenzanwendungen" zu denken (z. B. Übertragung von öffentlichen Sitzungen via Internet, Dokumentation von Entscheidungsprozessen, Online-Mitsprachemöglichkeiten für Bürger durch Petitionen oder ein Vorschlagswesen), an Informationsangebote über den Stand von bestimmten Vorgängen (man denke analog z. B. an die bekannte „Internet-Paketverfolgung", die Post und Kurierdienste ihren Kunden anbieten, die den Weg ihrer Sendung jederzeit mitverfolgen möchten) oder an die bereits genannten Erinnerungsdienste und Kommunal-Newsletter.

Allerdings ist der bisher gewohnte Behördengang für den Normalbürger eine eher seltene Beschäftigung. Für die meisten Bürger beschränkt er sich mit gelegentlichen Meldeformalitäten, Steuerangelegenheiten oder sonstigen Anträgen im Durchschnitt auf wenige administrative Kontakte pro Jahr (Experten schätzen circa zwei tatsächliche Amtsgänge pro Jahr und Bürger). Daraus erklärt sich eine bisher weitgehend emotionslose und passive Haltung des Normalbürgers gegenüber E-Government-Angeboten.

Aber besonders im Bereich elektronischer Partizipation („E-Demokratie") können Möglichkeiten geschaffen werden, die politisch interessierten Bürgern ein Forum bieten, ihre Meinung einzubringen, sich zu informieren und zu engagieren. Bereits heute liegt im Verhältnis zu den entsprechenden Bevölkerungsanteilen die Internet-Verbreitungsrate in der Gruppe der politisch Interessierten deutlich höher als bei den Nichtinteressierten. Dies ist zwar noch kein Hinweis auf eine etwaige „Zugkraft" von E-Government/E-Demokratie für die generelle Internet-Verbreitung (diese hängt von vielen anderen, mit politischem Interesse teilweise korrelierenden Faktoren ab); doch eine Untersuchung der Nutzungsintensität zwischen beiden Gruppen belegt die These, dass sich die Nutzungshäufigkeit und die Affinität für E-Government unter Onlinern durch politische Betätigungsmöglichkeiten deutlich steigern ließe.

Anforderungen an Inhalte und Benutzerfreundlichkeit

Die derzeit am häufigsten diskutierte und in entsprechenden Pilotprojekten angewandte Alternative zum Ideal des voll integrierten Prozesses stellt das bereits erwähnte Lebenslagenprinzip dar. Die Benutzerschnittstellen der meisten übergreifenden Bürgerportale von Behörden auf allen Ebenen setzen zunehmend auf dieses Prinzip. Es wird gewissermaßen ein kundenorientiertes „Front-end" (eine technikunterstützte Kundenschnittstelle) auf für den Bürger sonst verborgene Prozesse – welche sich durchaus durch verschiedene Verwaltungsebenen und Behörden ziehen können – gesetzt. Bisher wird jedoch eher selten die Tatsache diskutiert, dass in letzter Konsequenz das Lebenslagenprinzip unter dem Gesichtspunkt des größtmöglichen Nutzens für den Bürger nicht im staatlichen Bereich enden kann, auf welcher Ebene (Bund, Land oder Kommune als „One-Stop-Shop") auch immer. Ist die Behörde prädestiniert, das Lebenslagenprinzip abzubilden, oder ist sie nur Teildienstleister? Besteht ein Jobwechsel z. B. nur aus administrativen Vorgängen, wie Beantragung von Führungszeugnissen, amtsärztlichen Untersuchungen, Wohnungsummeldungen und Sozialversicherungsangelegenheiten?

Das Lebenslagenprinzip, mit allen Einschränkungen z. B. hinsichtlich der Individualität und Flexibilität, ist einerseits der richtige Denkansatz, um bei der Umsetzung von Behördenleistungen online tatsächlich kundenorientierte Angebote für den Bürger zu schaffen. Die Behörde/der Staat muss aber auch andererseits unter wirtschaftlichen Gesichtspunkten festlegen, welche Anwendungen und Angebote überhaupt mit vertretbarem Aufwand, vor allem mit einem langfristig positiven Verhältnis zwischen Einsparungen und Kosten, zu realisieren sind. Für Behörden, die aus diesen Gründen zunächst keine umfassenden integrierten Portale für ihre Kunden aufbauen können, die aber trotzdem als kleine Lösung interessante Einzelanwendungen anbieten wollen, besteht grundsätzlich die Möglichkeit, mit anderen Behörden bzw. Behördenportalen oder auch mit der Privatwirtschaft zusammenzuarbeiten. Die partnerschaftliche Entwicklung von Lebenslagenportalen, z. B. in Form von Public-Private-Partnerships, kann die Kostenlast verteilen und die Finanzierungsmöglichkeiten von bürgerorientierten Angeboten erweitern. Denkbar, wenn auch bis dato beispiellos, wäre auch der umgekehrte Fall, nämlich die Integration von privatwirtschaftlichen – den Bürgernutzen erhöhenden – Angeboten in staatliche Portallösungen.

Noch immer ist man geneigt, den Nutzer von E-Government als einen hoch gebildeten und/oder jungen, politisch interessierten Power-User zu sehen. In der Realität kommt dieser Typus, der weitgehend ohne Hilfe mit jeder noch so komplexen Bedieneroberfläche intuitiv fertig wird, sicherlich vor. Doch wenn die Anstrengungen weiterhin greifen, die digitale Kluft zu verkleinern, wird der „Normalbürger", der als Hauptzielgruppe des E-Government gelten muss, im Netz immer häufiger vertreten sein. Damit erhöht sich die Notwendigkeit, auch für computerunerfahrene Nutzer und für die spezifischen Bedarfe besonderer Zielgruppen leicht nutzbare Angebote zu schaffen und sicherzustellen, dass der Nutzer zu jeder Zeit angemessene und individuelle Hilfestellung beim Umgang mit dem Online-Prozess bekommt. Analog zu Kundenservicestrategien im Online-Banking-Bereich ist dabei die Verfügbarkeit von persönlichen Ansprechpartnern, z. B. per Telefon- oder E-Mail-Hotline, als Ideallösung zu betrachten. In vergleichenden Studien über kommunale Online-Dienste unter dem Aspekt der Bedienerfreundlichkeit werden regelmäßig diejenigen Angebote am positivsten bewertet, die dem Nutzer die Wahl der Kommunikationsform überlassen, also z. B. für jeden Online-Vorgang einen speziellen Experten nennen, der persönlich via Telefon und E-Mail Hilfe anbietet.

Besondere Anforderungen an die Benutzerschnittstelle von Internet- und Intranet-Seiten bei öffentlichen Stellen ergeben sich auch aus der aktuellen Gleichstellungsgesetzgebung für Behinderte. Die Bundesregierung etabliert mit dem Gesetz zur Gleichstellung behinderter Menschen eine Gleichstellungsverpflichtung der Träger öffentlicher Gewalt, die sich auch auf barrierefreie Informationstechnik erstreckt. Danach müssen Dienststellen und sonstige Einrichtungen der Bundesverwaltung, einschließlich bundesunmittelbarer Körperschaften, Anstalten und Stiftungen des öffentlichen Rechts sowie voraussichtlich auch die entsprechenden Stellen der Landesebene ihre Internet- und Intranet-Seiten sowie die von ihnen zur Verfügung gestellten grafischen Programmoberflächen technisch so gestalten, dass sie von behinderten Menschen grundsätzlich uneingeschränkt genutzt werden können. Insbesondere sind Grafiken, Bilder, multimediale Darstellungen, Animationen und andere nicht textbasierte Darstellungen durch ergänzende Texte zu erläutern. Die Zuständigkeit für die Setzung konkreter, von allen genannten Organen einzuhaltender Standards ist beim Bundesministerium des Innern in Abstimmung mit dem Bundesministerium für Arbeit und Sozialordnung angesiedelt.

Daneben verpflichtet das Gesetz die Bundesregierung, darauf hinzuwirken, dass auch gewerbsmäßige Anbieter ihre Internet- und Intranet-Seiten entsprechend der genannten Vorgaben gestalten. Dies soll im Wege von Zielvereinbarungen zwischen Verbänden behinderter Menschen und Unternehmensverbänden der verschiedenen Branchen geschehen. Die Aktion Mensch hat bereits eine Kampagne unter anderem zur intensiven Aufklärung über die Möglichkeiten der barrierefreien und menschengerechten Gestaltung des Internet unter dem Titel „Einfach für alle" ins Leben gerufen.

Datenschutz als Hürde und als Erfolgsfaktor

Bei der Einführung von E-Government-Anwendungen in Regierung und Verwaltung müssen die Grundsätze des Datenschutzes und der informationellen Selbstbestimmung beachtet werden. Die Vereinfachung von Verwaltungsabläufen zwischen Bürger und Behörde sowie über Behördengrenzen hinweg ist eines der zentralen Ziele von E-Government. Dieser Vereinfachung wird aber eine enge Grenze gesetzt, wenn es um die Speicherung und Verarbeitung von personenbezogenen Daten geht: Deutschand verfügt schon seit Beginn der siebziger Jahre über ein ausgeprägtes Datenschutzrecht. Der Datenschutz genießt nach Gesetzgebung und Rechtsprechung (z. B. Volkszählungsurteil des Bundesverfassungsgerichts vom 15. Dezember 1983) faktisch den Status eines Grundrechts. Jeder Bürger hat das Recht auf informationelle Selbstbestimmung und die Wahrung seiner Privatsphäre. Gleichzeitig haben staatliche Stellen natürlich das Recht, zur Ausübung ihres Auftrages personenbezogene Daten zu speichern und zu verarbeiten. Zu diesem Zweck hat der Gesetzgeber klare Regeln erlassen:

- Das Gesetz muss im überwiegenden Allgemeininteresse erforderlich sein und muss der Verhältnismäßigkeit entsprechen.

- Es darf nur das erforderliche Minimum an Daten erhoben werden.

- Die Daten müssen zweckgebunden erhoben und verarbeitet werden.

Das historische Misstrauen gegen zentrale Datenhaltung hat seine Wurzeln im Jahre 1974. Zu diesem Zeitpunkt lehnte der Bundestag die Einführung eines allgemeinen Personenkennzeichens, einer persönlichen Identifikationsnummer, ab. Die damalige Debatte warnte vor dem „gläsernen Bürger". In anderen Ländern Europas verlief die Diskussion unterschiedlich, und es wurde teilweise eine solche Identifikationsnummer eingeführt: Jeder Bürger ist bei verschiedenen Verwaltungen unter einer Nummer erfasst und kann informationstechnisch schnell identifiziert werden. Die Sensibilität bezüglich der zentralen Erfassung von Bürgern durch staatliche Einrichtungen hat in Deutschland eine besondere Geschichte: ein in der DDR aufgebautes zentrales Melde- und Erfassungssystem. Es wurde nach der Wiedervereinigung abgeschafft und in die Hoheit der einzelnen Länder überführt. Keiner zentralen exekutiven Gewalt in Deutschland soll mit Hilfe einer zentralen Datenhaltung und Kennzeichnung von Personendaten die Möglichkeit gegeben werden, bestimmte Bevölkerungsgruppen zentral zu erfassen, zu kennzeichnen und auszusondern. Unter dem Eindruck von kriminellen und terroristischen Bedrohungen ist das auf Länderbehörden übertragene deutsche System neuen Anfragen und Kritiken ausgesetzt. Die Politik in Bund und Ländern wird in den nächsten Jahren immer wieder zwischen den Vor- und Nachteilen einer zentralen und einer dezentralen Datenhaltung abwägen müssen. Auf eine zentralisierte Datenhaltung (z. B. von Meldedaten) zu verzichten, heißt auch, eine Reihe einfach zu realisierender E-Government-Anwendungen komplexer gestalten zu müssen. Das Wissen um diese Tatsache muss bei der Entscheidung zwischen „zentral" und „dezentral" mit in die Waagschale gelegt werden.

Glaubwürdiger Datenschutz gilt als ein Versprechen an den Bürger: Viele Bürger hegen gegenüber staatlichen Stellen und Institutionen ein grundsätzliches Misstrauen. Sie zögern, ihre Daten dem Staat bereitwillig zur Verfügung zu stellen. Datenschutz wird in diesem Zusammenhang zu einem zentralen Erfolgsfaktor bei der Einführung von E-Government. Insbesondere in den USA, mit einem weit verbreiteten Misstrauen gegen „big government" in der Bevölkerung, ist die Einrichtung von glaubwürdigen Datenschutzregeln ein kritischer Erfolgsfaktor für die Verbreitung von E-Government-Anwendungen. Dies wurde im Rahmen eines breit angelegten, von Booz Allen Hamilton durchgeführten Interviewprogramms mit E-Government-Entscheidern in den USA und Kanada erhärtet. Wenn staatliche Stellen dem Bürger glaubhaft vermitteln können, dass die gespeicherten Daten bei der entsprechenden Behörde sicher sind („Infrastruktur des Vertrauens"), dass keine Weitergabe an die Öffentlichkeit, an einzelne Dritte oder an andere Behörden (z. B. Finanzbehörden) erfolgt, dann ist eine Mehrheit in der Bevölkerung auch bereit, E-Government-Angebote zu nutzen und dabei persönliche Daten preiszugeben, zu übermitteln und speichern zu lassen.

4 Wege zu E-Government im internationalen Vergleich

E-Government steht international auf der Tagesordnung. Es gibt fast kein westlich orientiertes Land, das nicht in irgendeiner Form das Internet in sein Handeln einbezieht. Die Konzepte und Umsetzungen unterscheiden sich jedoch enorm. Prioritäten werden anders gesetzt, unterschiedliche Strategien gewählt, und auch im Entwicklungstempo klafft eine große Lücke zwischen weit vorangeschrittenen Ländern, einem breiten Mittelfeld und vielen Nachzüglern. Zu beachten ist dabei jedoch auch, dass jedes Land eine unterschiedliche Ausgangssituation hat: Industrialisierung, Bildungssysteme, rechtsstaatliche Verwirklichung der Verwaltungsstrukturen, Kultur, Sprache und Gesetzesentwicklung. Auch die internationale Rolle differiert von Land zu Land.

Im Folgenden werden die E-Government-Programme in sechs ausgewählten Ländern vorgestellt: Großbritannien, Australien, Singapur, USA, Frankreich und Deutschland. Alle diese Länder haben E-Government zu einem zentralen Element ihrer Regierungsarbeit auf dem Weg zur Informationsgesellschaft gemacht und wollen davon wirtschaftlich profitieren. Angestrebt wird bei dieser Darstellung kein Ranking der einzelnen Beispiele – alle sechs ausgewählten Länder zählen zu den sehr weit entwickelten E-Government-Anwendern –, sondern vielmehr eine Illustration unterschiedlicher Ansätze, die je nach Ausgangssituation die Länder auf dem E-Government-Pfad voranbringen können.

Dabei sind zumindest zwei Komponenten für die vergleichende Beurteilung des E-Government-Ansatzes wichtig: zum einen auf staatlicher Seite das vorhandene und anvisierte Angebot der Regierung und Verwaltung einschließlich der zur Verfügung stehenden IT-Kapazitäten, zum anderen die infrastrukturell und verhaltensbestimmte E-Government-„Bereitschaft" der Abnehmer, d.h. der Bürger und der Wirtschaft eines Landes. Der beste Plan und die ambitioniertesten E-Government-

Projekte nützen nichts, wenn wesentliche Teile der Bevölkerung von der Nutzung ausgeschlossen sind oder keinen Zugang zum Medium haben. Die angebots- bzw. nachfrageseitigen Aspekte können dazu herangezogen werden, idealtypische E-Government-Realisierungsstrategien abzuleiten. Dieser Gedanke wird in Kapitel 10 „Realisierungsstrategien" weiter vertieft.

Großbritannien: Über E-Commerce zu E-Government

Die britische Regierung unter Tony Blair hat das Thema E-Government zu einem wichtigen Element und Treiber eines umfassenden Modernisierungsprogramms gemacht. Für den Aufbau des „Information Age Government" (IAG) werden erhebliche finanzielle Mittel bereitgestellt, die Implementierung unterliegt einem engen Berichtswesen mit internationalem Benchmarking. Organisatorisch gibt es klare Verantwortlichkeiten und der Premierminister selbst gehört zu den treibenden Kräften. Für vernetztes Arbeiten enthält allein das „invest to save budget" ein Finanzvolumen von 230 Millionen £ über drei Jahre.

Bereits im Grundsatzpapier vom März 1998 („Modernising Government White Paper", MGWP) wurde eine Reihe von ehrgeizigen Zielen gesetzt, unter anderem, dass 25 Prozent der Verwaltungsdienstleistungen bis 2002 elektronisch erfolgen sollen, 50 Prozent bis 2005 und 100 Prozent bis 2008. Im Jahr 2000 hat der Premierminister die Zielmarke auf 2005 vorverlegt; der Jahresbericht vom September 2000 meldete schon 42 Prozent der „government services" online. Ein umfassendes Rahmenprogramm für Regierung und Verwaltung wurde im April 2000 mit dem „Strategic Framework" vorgelegt. Dieses Programm ist ein zentrales Planungselement für den koordinierten Aufbau von E-Government und durch konsequentes Monitoring und organisatorische Steuerung äußerst effizient. Im September 2000 startete der Premierminister zudem die Kampagne „UK online", die öffentlichkeitswirksam drei zentrale E-Government-Ziele Großbritanniens herausstreicht: zum „best place for e-commerce" zu werden, flächendeckenden Zugang zum Internet („universal access") zu erreichen und alle geeigneten „government services" über das Internet verfügbar zu haben.

Mit der Benennung eines „e-Minister" und eines „e-Envoy" unterstreicht Großbritannien sichtbar die E-Government-Ambitionen der Regierung und zeigt die Priorität, die dem Thema beigemessen wird. e-Minister und e-Envoy haben in ihrem gemeinsamen ersten Jahresbericht die „UK online"-Strategie ausformuliert und koordinieren ihre Umsetzung. Sie berichten direkt dem Premierminister. In den Ministerien wirken höhere Beamte als „e-Champions" (vormals Information Age Government Champions), d.h. als Koordinatoren und Multiplikatoren. Zudem müssen die Behörden eigene E-Business-Strategien im Rahmen des „strategic framework" entwickeln und alle sechs Monate aktualisieren.

Das Büro des e-Envoy ist im Cabinet Office angesiedelt und stützt sich auf drei Einheiten, die „e-commerce group", die „e-government group" und die „e-communications group". Die „e-government group" ist die vormalige Central IT Unit (CITU) des Cabinet Office und betreibt unter anderem das zentrale Portal „UK online". E-Government bleibt trotz einiger Reorganisation auf der Tagesordnung. Die nahe Ansiedlung beim Minister und die eigene Stelle eines e-Envoy haben sich zudem als wirkungsvoller Rahmen für die Entfaltung der ehrgeizigen „UK online"-Strategie erwiesen. So wurde inzwischen die Strategie in fünf Schlüsselbereichen („modern markets", „confident people", „successful businesses", „getting government online", „world class supply") verfeinert und im Weiteren mit einem Katalog von 94 Maßnahmen versehen. Das enge Berichtswesen in Form von monatlichen und jährlichen Fortschrittsberichten stellt dabei ein wirkungsvolles Monitoring dar. Nach dem Stand des sechsten Monatsberichts vom Mai 2001 waren von den 94 Maßnahmen 67 planmäßig in der Durchführung, 15 bereits abgeschlossen und 12 im Verzug.

Ein wesentliches Merkmal des britischen Ansatzes ist die Betonung von E-Government und Internet-Nutzung als Standortfaktoren. Großbritannien soll erklärtermaßen bis 2002 zum „best place for e-commerce" werden. Zudem sollen 90 Prozent des „low-value government procurement" bis 2001 elektronisch abgewickelt werden. Einhergehend mit der Motivation der Wettbewerbsfähigkeit sieht die Regierung im Aufbau von E-Government ein hohes Kostensenkungspotenzial. Allein im Bereich des öffentlichen Beschaffungswesens werden durch IT-Einsatz und Managementreformen Kostenreduzierungen von einer Milliarde £ über drei Jahre erwartet.

Großbritannien verfügt bereits über eine starke Internet-Präsenz. In den Bereichen internationaler Reiseverkehr, Gesundheit und Verbraucherschutz werden Online-Hilfen angeboten. Zu erwartende Steuerrückzahlungen können auf der Grundlage der eigenen Angaben im Internet eingesehen werden. Das Referat für kleinere Unternehmen (Small Business Service) hat eine Internet-Seite für KMU mit speziellen Hilfestellungen aufgebaut.

Zur einfacheren Handhabung der Online-Angebote wurde ein zentrales Portal aufgebaut, über das der Internet-Nutzer Zugriff zu sämtlichen Dienststellen und öffentlichen Leistungen im Netz findet (www.ukonline.gov.uk). UK online wurde im Dezember 2000 in Betrieb genommen, im Februar 2001 offiziell vorgestellt und im Januar 2002 überarbeitet (Abbildung 8). Es besteht aus drei Elementen: einer Suchmaschine („quick find"), einem Serviceangebot im Lebenslagenzuschnitt (mit acht verschiedenen „life episodes" wie Arbeitsuche und Umzug) und einem Diskussionsforum („CitizenSpace"). Obwohl der Behördenkatalog im Wesentlichen aus einer Link-Sammlung besteht, besticht das Portal ins-

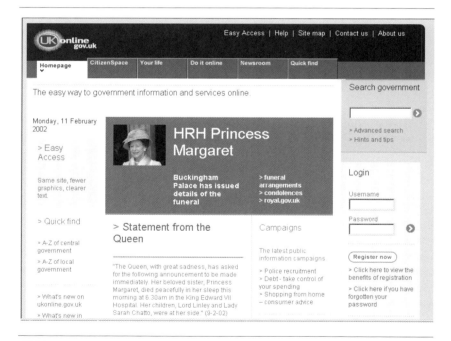

Abbildung 8: Portal von UK online (www.ukonline.gov.uk)

gesamt durch die Möglichkeit, es den individuellen Bedürfnissen anzupassen. Beispielsweise können spezifische Voreinstellungen für England, Schottland, Wales oder Nordirland gewählt werden, sogar ein Sprachangebot im gälischen Cymraeg ist vorhanden. Im Hinblick auf Online-Transaktionen sind bereits einige wenige Vorgänge möglich. Vorbildlich ist in Großbritannien die Berücksichtigung des Themas E-Demokratie. In der Empfehlung Nr. 14 des White Paper der britischen Regierung zur Verwaltungsmodernisierung wird eine verstärkte Beschäftigung mit dem Thema Online-Partizipation und Online-Wahlen proklamiert. Erste E-Voting-Pilotversuche wurden bei den Kommunalwahlen im Jahr 2000 durchgeführt. E-Demokratie ist ein Schwerpunkt in der weiteren Arbeit des „Office of the e-Envoy". Auf der Internet-Seite www.ukonline.gov.uk laufen bereits Experimente zur Nutzung von Online-Konsultationsverfahren.

Das hohe Tempo der E-Government-Aktivitäten war allerdings auch von Rückschlägen überschattet. Zunächst bestand Ungewissheit bezüglich der Besetzung des e-Envoy-Postens, wodurch der Prozess gebremst wurde. Zudem sind auch teure Fehlentwicklungen zu verzeichnen, wie zwei IT-Projekte des Verteidigungsministeriums, die 30 Millionen £ verschlangen, aber noch vor der Implementierung eingestellt wurden. Insbesondere der Aufbau des zentralen Gateway erwies sich als schwierig. Compaq zog sich als Vertragspartner zurück, nachdem in der Planungsphase Probleme aufgetaucht waren. Mit der Integration der Zuständigkeiten für das zentrale Portal in das Büro des e-Envoy musste das bereits existierende Portal www.open.gov.uk in das neue Gateway www.ukonline.gov.uk integriert werden.

Dennoch hat E-Government auch weiterhin einen hohen Stellenwert. Dabei kann sich die Regierung auf eine in Europa sehr hohe Internet-Penetration und -Affinität stützen, wenn auch die „Digitale Spaltung" noch längst nicht geschlossen ist. Auch hinsichtlich des konkreten Ziels, „best place for e-commerce" zu werden, zeigen erste Erhebungen den Erfolg auf: Großbritannien liegt in Europa hinter Deutschland im E-Commerce-Transaktionsvolumen auf Platz zwei (absolut, nicht einwohnerbezogen).

Fazit Großbritannien

Klare Ziele, ambitionierte und quantitative Vorgaben und eine prominent verankerte Programmstruktur sorgen in Großbritannien für klare E-Government-Verhältnisse. Mit einem erstklassigen, nach Lebenslagen strukturierten und personalisierten Dienstleistungsangebot zählt UK online zu den führenden Portalen, auch wenn das Angebot an wirklich transaktionsorientierten Services noch bescheiden ausfällt. Zudem glänzt UK online mit einem vorbildlichen Programm zur verstärkten Teilhabe der Bürger.

Australien: Föderale Dynamik und nationale Strategie

Australien rangiert seit langer Zeit unter den führenden E-Government-Nationen und hat sich selbst ehrgeizige Ziele gesetzt. Bereits 1997 verkündete der australische Premier („investing for growth statement"), dass bis Ende 2001 alle geeigneten Dienstleistungen der Regierung online angeboten werden sollten. Verantwortlich für die Umsetzung ist das National Office for the Information Economy (NOIE).

Seit Anfang 2000 verfolgt die Regierung einen strafferen Top-down-Ansatz. Im April 2000 wurde das Vorhaben in der „Government Online Strategy" in acht Punkte untergliedert (Abbildung 9). Die Abteilungen und Behörden müssen Minimalstandards erfüllen und „Online Action Plans" entwickeln. Das NOIE begleitet den Prozess und analysiert, aufbauend auf einem Berichtswesen in fünf Erhebungsrunden von Juni 2000 bis März 2002, die Fortschritte.

Dieser Überblick zeigt, dass das Potenzial des Internet im Hinblick auf Kundenorientierung, Business-Angebot und ressortübergreifende Organisation der Regierung weitestmöglich ausgeschöpft werden soll.

Ein besonderer Schwerpunkt liegt – in einem so großen, dünn besiedelten Land ist das verständlich – auf dem Abbau geografischer Nachteile. Obwohl die Internet-Durchdringung insgesamt sehr hoch ist, besteht für bestimmte abgelegene Siedlungen, die nicht innerhalb der Ortswahl für einen Internet Service Provider (ISP) liegen, die Gefahr der Ausgrenzung. Mit besonderen Maßnahmen wird der Anschluss dieser Orte betrieben, unter anderem mit Geldern aus der Privatisierung der ehemals staatlichen Telefongesellschaft Telstra. Eine zentrale Initiative

Abbildung 9: Die „Government Online Strategy" Australiens

ist „Trials in Innovative Government Electronic Regional Services"
(TIGERS). In den ersten drei Jahren dieser Initiative, die mit zehn Millionen Australischen Dollar dotiert wurde, werden über „service shops"
der Regierung Tasmaniens beispielsweise Informations- und Transaktionsangebote unterschiedlicher Behörden (z. B. Medicare, ATO, Health
and Aged Care) angeboten. Probeweise läuft sogar der Einsatz von Video-
konferenzen mit Behörden wie Centrelink und ATO. Grundidee des
TIGERS-Programms ist ein kundenorientiertes – nach außen „integriertes" – Auftreten der Verwaltung. Die Ebenen der lokalen Verwaltung, des
Bundesstaates Tasmanien und des Bundes treten gemeinsam auf und
bieten nach dem Lebenslagenprinzip ihre Dienste ressort- bzw. ebe-
nenübergreifend an.

Bei den Bemühungen zum Aufbau eines einheitlichen Front-end kann
die australische Bundesregierung dabei auf teilweise sehr weit voran-
geschrittene E-Government-Lösungen in den Bundesstaaten aufsetzen.
Der Bundesstaat Victoria ist ein besonders eindrucksvolles Beispiel. Das

Programm „Victoria 21", ein Grundsatzpapier von 1995 (!), enthielt bereits das Konzept zum Aufbau von E-Government und bezeichnete zehn „champion agencies" auf den Ebenen der Provinzregierung und der Kommunen als Impulsgeber. Inzwischen rechnen sich die Services bereits. Allein im Bereich der elektronischen Auftragsvergabe konnten in den ersten eineinhalb Jahren seit der Einführung im November 1998 rund 1,3 Millionen Australische Dollar eingespart werden. Im Oktober wurde John Rimmers, der für Victoria das Konzept des „single face of government" mit entwickelt und umgesetzt hatte, zum Leiter der NOIE berufen.

Richtungsweisend für das Modell Victoria war eine frühzeitig verfolgte Public-Private-Partnership. Das auf „Lebensstationen" („life events") aufgebaute One-Stop-Shop-Angebot wurde von Maxi, einem Joint Venture von NEC Australia und Aspect Computing, aufgebaut — Maxi refinanziert sich durch Nutzungsgebühren. Für den Informationsfluss und für Transaktionen zwischen den Behörden stellt Maxi ein innovatives System bereit, das ohne zentrale Datenbank den Austausch verschlüsselter Daten unterschiedlicher Datenbanken ermöglicht. Das bereits 1997 eingeführte System ermöglicht gleichzeitig den Bürgern den Zugriff auf eine breite Palette öffentlicher Dienstleistungen. Für Transaktionen, die eine hohe Sicherheit verlangen, wird die Authentifizierung mit einer Zertifizierung von SecureNet vorgenommen. Die Bürger können diese Zertifizierung entweder direkt auf der Internet-Seite von SecureNet oder über die australische Post erhalten.

Auch viele andere Regierungen australischer Bundesstaaten bzw. auch einzelne Behörden haben bereits eine Vielzahl von Initiativen und Online-Angeboten entwickelt. Seit 2000 versucht die Bundesregierung, mit ihrer umfassenden Strategie die Schrittmacherrolle einzunehmen und dabei die Bundesstaaten mit einzubeziehen. Im Back Office äußert sich der einheitliche Ansatz der Bundesregierung nicht nur in der zentralen Rolle des NOIE, sondern auch in einem Satz gemeinsamer Standards und Richtlinien, die allen Behörden vorgegeben werden. Dazu gehört z. B. ein Standard für Metadaten, mit dem ein site- bzw. portalübergreifender Informationszugriff gewährleistet werden soll. Spezifische Richtlinien setzen zudem Standards in Bezug auf Datensicherheit.

Mit konkreten Initiativen zielt die Regierung auch auf die Verbesserung der Infrastruktur des Back Office:

- Koordination des Einkaufs des Bundes, z. B. über behördenübergreifende Rahmenverträge und über den Aufbau zentraler Datenbanken für Preisvergleiche.

- Erweiterung eines Glasfasernetzwerkes zum Breitband-Intranet.

- Aufbau eines Virtual Private Network („FedLink"), das auch die Übermittlung von sensiblen Informationen erlaubt.

Der integrierte Ansatz zeigt sich in erster Linie an der Koordination der Government-Online-Strategie durch das NOIE und einem halbjährlichen Berichtswesen zu den Fortschritten der Umsetzung auf Behördenebene. Wesentlich ist dabei die Maßgabe, möglichst einheitlich und verknüpft gegenüber den Nutzern aufzutreten. So wird z. B. ein gemeinsames Portalnetzwerk entworfen. Gegenüber der Wirtschaft ist auch die „Australian Business Number" (ABN) Folge dieses Konzepts. Ende 1999 wurde die Australian Business Number (ABN) – Digital Signature Certificate – beschlossen. Mit der ABN erhalten Firmen einen einzigen, bei allen Behörden gültigen Authentifizierungsschlüssel. Über das Australian Business Register (ABR) können Firmen den Zuliefererstatus ihrer Handelspartner bei den Behörden überprüfen. Auf den Servern des Department of Finance and Administration (DoFA) werden eine zentrale Datenbank („repository"), eine Meta-Suchmaschine und ein Zugangsmodul mit XML-Standard installiert, mit dem Multi-Channel-Zugriff ermöglicht werden soll (WAP, interaktive Stimmerkennung, Touchscreens).

Das „investing for growth"-Statement des Premier setzt klare Ziele. Die Vorgabe, alle geeigneten Dienste bis Ende 2001 ins Netz zu stellen, wurde allerdings dadurch etwas abgemildert, dass die Behörden weitgehend selbst darüber entscheiden konnten, was sie als geeignete Dienstleistung ansehen. Selbst die Definition der Dienste bleibt ihnen überlassen. Vor diesem Hintergrund sind Meldungen zu relativieren, dass bis Ende 2001 alle geeigneten Dienste online angeboten würden. Bei den bis zu diesem Stichtag von den Behörden als solche definierten 1.131 online verfügbaren Diensten handelte es sich zu 41 Prozent um rein statische Informationsangebote, zu 33 Prozent um Datenbankinformationen und lediglich zu 26 Prozent um Kommunikations-/Transaktionsangebote.

Bezüglich der Präsentation der Angebote liegt seit 2000 der Schwerpunkt auf umfangreicheren und anspruchsvolleren Internet-Seiten. Im

November 2000 verabschiedete die Regierung einen neuen integrierten Ansatz, das „Customer-Focused Portals Framework". Diesem Ansatz folgend begannen einzelne Behörden, sich zu Betreibergruppen zusammenzuschließen und sorgen nun für kundenorientierte Oberflächen. Acht neue Portale – zusammen mit dem Geschäftskundenportal „Business Entry Point" (BEP; www.business.gov.au) – wurden als erste Stufe bis Ende 2001 funktionsfähig. Die Adresse www.fed.gov.au fungiert als zentraler Einstiegspunkt. Das Portalnetzwerk integriert dabei bereits Vorhandenes, z. B. den BEP, den National Business Information Service (NBIS) und Initiativen wie das Education Network Australia (EDNA), Healthinsite, das Environment Resources Information Network (ERIN) und Infoterra (Environment Australia). In einem ersten Anlauf umfasst das Portal die Bereiche Regionales, Jugend, Familien, Landwirtschaft, Beschäftigung, Kultur und Erholung, Erziehung, Wissenschaft und Industrie. Später soll es um die Bereiche Frauen, Senioren, Aborigines, Umwelt, Gesundheit, Verwaltung/Regierung, Recht und Justiz erweitert werden.

Als wesentlicher Schritt zur Förderung von Online-Transaktionen ist zudem der „Electronic Transaction Act" (ETA) vom März 2000 zu nennen, der elektronische Transaktionen juristisch auf die gleiche Stufe stellt wie den konventionellen Schriftverkehr. Seit Juli 2001 gilt diese Bestimmung, sofern nicht explizit ausgeschlossen, für alle Bundesgesetze.

Die übergeordnete Strategie der Regierung zur Einführung und zum Management digitaler Unterschriften heißt Gatekeeper und wurde im Mai 1998 beschlossen, um die Nutzung von Public Key Infrastructure durch die Bundesbehörden zu unterstützen. Gatekeeper sieht je nach Schutzbedürfnis der Transaktionen zwei Akkreditierungsstufen vor, „entry" und „full". eSign Australia Ltd. ist unter anderem seit März für die erste Stufe akkreditiert, das Australian Taxation Office (ATO) und Baltimore Certificates Australia Pty Ltd. halten dagegen eine uneingeschränkte Akkreditierung und können Bundesbehörden digitale Zertifikate für höchst vertrauliche Transaktionen ausstellen.

Mit der zusammen mit der Government-Online-Strategie beschlossenen „electronic procurement implementation strategy" setzte sich die Regierung das Ziel, die Bezahlung aller Lieferanten bis Ende 2000 elektronisch durchzuführen und Transaktionen mit den Anbietern, die dies wünschen, bis Ende 2001 abzuwickeln. Das erste Ziel wurde größtenteils erreicht: Elektronische Banküberweisungen werden nun weitgehend durchgeführt. Das zweite Ziel wird in rund 90 Prozent der Behörden erfüllt. Eine wichtige Initiative ist dabei die Einrichtung eines „single supplier register" – eines zentralen Lieferantenverzeichnisses aller Behörden, das auch auf Regionalebene ausgedehnt werden soll. Analog wird der „business entry point" zum zentralen Gateway für Ausschreibungen.

Fazit Australien

Früher Start auf regionaler Ebene mit weit entwickelten Services, die nun auf nationaler Ebene integriert werden: So ließe sich das Programm Australiens charakterisieren. Dabei kommen auch innovative Betreibermodelle zum Einsatz. Die Schrittmacherrolle wird dabei nicht nur durch Monitoring und halbjährliche Berichte erfüllt, sondern vor allem auch durch das Setzen von Standards und Richtlinien sowie den Aufbau eines Portalnetzwerkes.

USA: Wo „dot.gov" erfunden wurde

Die US-amerikanische Gesellschaft ist internationaler Vorreiter bei der Nutzung des Internet. Auch der Staat wurde bereits früh aktiv, das Internet zu nutzen, um eine elektronische Verwaltung aufzubauen und die Verbreitung des Internet zu fördern. Dabei trifft dies exakt den Bedarf der Bevölkerung. E-Government stellt für rund drei Viertel der US-Amerikaner sogar eine Priorität dar, wie die Ergebnisse einer Befragung vom Januar 2001 für den Council for Excellence in Government zeigen. Wie Abbildung 10 zeigt, erreicht auch die Nutzungshäufigkeit des Online-Angebotes – speziell unter den Internet-Nutzern – beachtliche Werte.

Auf Bundesebene wurde das Engagement des Staates im Dezember 1999 mit dem „Paper Elimination Act" unterstrichen. Als Ziel wird darin festgehalten, spätestens ab 2003 den Bürgern elektronischen Zugang zu Regierungsdienstleistungen und -dokumenten zu geben und Verwaltungsformulare online zu beziehen und einzureichen. Ein weiterer legislativer Meilenstein ist der „Electronic Signatures in Global and

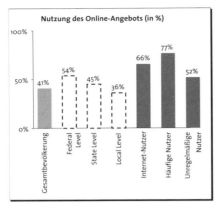
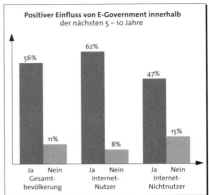

Quelle: Hart-Teeter (September 2000)

Abbildung 10: Ausgewählte Ergebnisse der Marktforschung – USA (2000)

National Commerce Act" (Juni 2000), der Online-Verträgen die gleiche Gültigkeit zuspricht wie Verträgen in Papierform.

Das Duo Präsident Clinton/Vizepräsident Gore spielte dabei eine treibende Rolle. In einem eigenen Memorandum Ende 1999 schrieb der Präsident in Ergänzung des „Paper Elimination Act" vor, dass binnen Jahresfrist die Formulare für die 500 am häufigsten in Anspruch genommenen Dienstleistungen ins Netz gestellt werden sollten; zudem wurde eine bürgerfreundlichere Gestaltung der Websites der Bundesverwaltung (nach Dienst- oder Informationsarten und nicht nach Behördenstruktur) verfügt.

Aber auch in der Administration Bush gewinnt E-Government weiter an Stellenwert. Eine zentrale Rolle wird jetzt der Sicherheit digitaler Transaktionen beigemessen, der Aufbau einer Public-Key-Infrastruktur auf Bundesebene für die Anerkennung digitaler Unterschriften (Zertifizierung auch privat möglich) wird forciert.

Im Januar 2001 legten die General Services Administration (GSA) und der Chief Information Officers (CIO) Council einen Fortschrittsbericht vor, der zeigt, wie weit E-Government bereits bei Bundeseinrichtungen verbreitet ist. Die 37 im Bericht erfassten Ministerien und Behörden meldeten nicht weniger als 1.371 Initiativen. 80 Prozent davon werden über das Web angeboten, 57 Prozent beschränken sich auf reine Informationsangebote, aber 460 Initiativen sind bereits transaktionsorientiert. Sie reichen von personalisierbaren Informationsangeboten über ausländische Märkte für kleinere Unternehmen (www.tradenet.gov) der Small Business Administration bis zur elektronischen Rechnungsabwicklung mit Kunden der Maritime Administration (MARAD).

Auf Bundesebene werden die Aktivitäten zum Aufbau von E-Government vornehmlich aus den Budgets der einzelnen Ministerien finanziert. Das Government Information Technology Board und die General Services Administration finanzieren zudem innovative Projekte. Einsparungen sollen die Investitionen schnell aufwiegen: Im Bereich der Sozialversicherung beispielsweise sollen die Gesamtausgaben in Höhe von 42 Millionen US$ mit Kostensenkungen von 58 Millionen US$ deutlich überkompensiert sein. Wesentliche Koordinationsstellen sind der Chief Information Officers Council (www.cio.gov), zwischenbehördlich für Informationszugriff zuständig, sowie die General Services Administration (GSA), die als eine zentrale Unterstützungsbehörde den Bundesministerien und -behörden zuarbeitet und für das Jahr 2002 in ihrem Haushaltsentwurf 20 Millionen US$ für E-Government-Initiativen der Bush-Administration vorsieht. Hinsichtlich der Finanzierung von behördenübergreifenden E-Government-Aktivitäten spielt das White House Office of Management and Budget (OMB) eine zentrale Rolle. Kürzungsabsichten in der Bundesverwaltung stehen durch Präsident Bush hohe Dotierungsankündigungen der GSA und von E-Government-Aktivitäten gegenüber. Sogar ein eigener E-Government-Fonds zur Unterstützung zwischenbehördlicher E-Government-Initiativen wird eingerichtet. Im Jahr 2002 wird der Fonds erstmals mit 20 Millionen US$ ausgestattet, über drei Jahre wird er auf insgesamt 100 Millionen US$ aufgestockt.

Zudem hat sich der Präsident für die Berufung eines zentralen Koordinators für die Informationstechnologie der Bundesverwaltung eingesetzt, einen „federal CIO" bzw. in der allgemeinen Debatte auch „technology czar". Die Einrichtung eines zentralen CIO-Postens sieht auch der Entwurf eines E-Government Act vor, der von einigen Senatoren eingereicht wurde. Darin wird zusätzlich eine weitere Vergrößerung des Online-Angebotes gefordert, z. B. die Schaffung einer nationalen Online-Bibliothek und eines Online-Telefonverzeichnisses des Bundes. Der Ruf nach einem IT-Koordinator auf Bundesebene ist im Zusammenhang mit den bislang stark zersplitterten Kompetenzen zu sehen und wurde aus den Erfahrungen mit der Presidential Council on Year 2000 Conversion geboren, die zentral die Kompatibilitätsmaßnahmen für das Jahr 2000 leitete. Angebotsseitig bestehen bereits unterschiedliche Portale, der Aufbau einer zentralen Site der US-Bundesregierung (lange Zeit als Web-Gov geplant) hingegen gelang erst relativ spät. Vorreiter waren spezielle Sites, wie z. B. „access America for students" (www.students.gov), „access America for seniors" (www.seniors.gov) und „access America for business" (www.business.gov). Außerdem finden sich viele ähnliche Initiativen auf Bundesstaatenebene, z. B. in Alaska (www.state. ak.us/ local/webmart.html) und Indiana (www.state.in.us/). Wie sehr das E-Government in den USA als nahezu selbstverständliche Modernisierungsaufgabe des Staates verstanden und eingefordert wird, zeigt sich nicht zuletzt daran, dass von privater Seite unter Vorgriff auf die Arbeiten der Administration zum Aufbau eines zentralen Portals längst Portale für öffentliche Dienste, wie z. B. www.ez.gov.com und www. link2gov.com, entstanden sind.

Als drei zentrale Portale des Bundes sind zu nennen: „FirstGov" als neue allgemeine Einstiegsoberfläche, „FedBizOps" für den Business-Bereich und „Federal Commons" für staatliche Fördermittel.

- Das Bundesportal „FirstGov" (www.firstgov.gov) präsentiert sich besonders gut vernetzt. Über die zentrale Einstiegsseite kann der Nutzer auf unterschiedliche – nicht nach dem Lebenslagenprinzip geordnete – Bereiche, wie z. B. „Geld und Steuern", „Gesundheit" und „Umwelt und Energie", klicken. Von einigen Ausnahmen (z. B. „kids", „disabilities", „seniors", „workers") abgesehen, bündelt die Site vor allem die Links unterschiedlicher Behörden und Institutionen. Dabei eignet sich die Plattform auch, um zu den Online-Angeboten der Bundesstaaten und Kommunen zu gelangen. Nach Angaben des GSA und des CIO Council bietet die Suchmaschine Zugriff auf circa 30 Millionen Websites, darunter 20.000 Websites des Bundes. Rund 12.000 Besucher werden pro Tag registriert, mit etwa 100.000 Page Views.

- „FedBizOps" (früher: Electronic Posting System, EPS) stellt eine zentrale Zugangsoberfläche für den Bereich G2B dar. Es informiert über Ausschreibungen und erlaubt eine Suche nach Thema oder nach Behörde/Institution.

- Das Portal „Federal Commons" (www.fedcommons.gov) bündelt Subventions- und Unterstützungsmöglichkeiten des Bundes und richtet sich an Bundesstaaten, Kommunen, Stammesleitungen, Nonprofit- und Forschungsorganisationen.

Tiefe und Breite des online verfügbaren Dienstleistungsangebotes variieren stark. Manche Services sind bereits transaktional, wie etwa Patentanmeldungen, bestimmte Kranken- und Sozialversicherungsangelegenheiten, Rentenanträge oder die Anmeldung zur Armee. Medicare bietet seine Internet-Seite sogar alternativ in Spanisch und teilweise in Chinesisch an. Für Reisepässe dagegen können nur (bei einer Verlängerung ohne Änderungen) die Formulare online bezogen werden, müssen dann jedoch konventionell ausgefüllt und zusammen mit Fotos und Gebühr eingeschickt werden.

Besonders fortschrittlich ist das „e-file"-Programm des Internal Revenue Service (IRS) auf Bundesebene. Im Jahr 2000 wurden nach Angaben des IRS bereits knapp 35 Millionen individuelle Steuererklärungen online abgegeben, für 2001 wird mit 40 Millionen gerechnet. Parallel zu e-file wird mit tele-file Steuerzahlern eine telefonbasierte Form der Steuererklärung angeboten; 4,4 Millionen Nutzer machten zum Stichtag 16. April 2001 von dieser Möglichkeit Gebrauch. Mit 40 Millionen „e-files" oder mehr als 30 Prozent der individuellen Steuerklärungen liegt der IRS nur knapp unter dem für 2001 gesteckten Ziel von 42 Millionen, muss aber noch bedeutende Anstrengungen unternehmen, um die mit dem IRS Restructuring and Reform Act von 1998 aufgestellte Vorgabe zu erfüllen, bis 2007 80 Prozent der Vorgänge online abzuwickeln (dies allerdings einschließlich der „business returns", d.h. gewerblicher Steuererklärungen).

Auf Bundesstaatenebene bieten bisher lediglich sieben Staaten (Kalifornien, Illinois, Maine, Maryland, Massachusetts, Minnesota und New York) den e-file-Service an. Haupthindernisse für eine noch breitere Akzeptanz elektronischer Steuererklärungen bei individuellen Steuerzahlern werden vor allem in Sicherheitsbedenken, Handhabungsschwierigkeiten (die PIN-Vergabe basiert z. B. teilweise auf Steuerinformationen des Vorjahres) und mangelnder Technikaffinität gesehen. Die Marke von 80 Prozent elektronischer Steuererklärungen auf Bundesebene bleibt damit ein ambitioniertes Ziel.

Im kommunalen Bereich ist in den USA E-Government teilweise schon sehr weit vorangeschritten. Die Speerspitze der Entwicklung bilden Städte wie z. B. Phoenix. Die Hauptstadt des Bundesstaates Arizona wurde unter anderem 1998 mit dem Innovationspreis des US-amerikanischen Städteverbandes NLC ausgezeichnet und sticht z. B. durch ihr Intranet „Inside Phoenix" hervor, das die komplette Stadtverwaltung vernetzt. Viele Bürgeranliegen werden von den Mitarbeitern der Stadtverwaltung horizontal und nicht über den pyramidalen Dienstweg an die zuständigen Stellen weitergeleitet. Auch auf der Internet-Seite „Phoenix at your fingertips" (www.ci.phoenix.az.us) tritt die Stadt dem Bürger einheitlich gegenüber und erlaubt das Finden der richtigen Informationen bzw. Kontaktstellen sach- und nicht ressortlogisch. Im Kontakt mit der Wirtschaft werden viele Vorgänge ebenfalls vereinfacht; die Abwicklung von Bauaufträgen erfolgt elektronisch und reduziert die Bearbeitungsdauer um rund das Fünffache auf drei Tage. Für dieses „Permit Information and Management System" (PIMS) sind Geschäftskunden sogar bereit zu zahlen.

Ein verblüffendes Benchmarking-Beispiel legte die Forschungsorganisation Pew Internet & American Life Project zusammen mit Federal Computer Week vor. Danach sei nicht Amazon mit 2,8 Milliarden US$ Umsatz im Jahr 2000 der weltweit größte Online-Händler gewesen, sondern die US-Regierung mit 3,6 Milliarden US$! Das Verteidigungsministerium z. B. bietet auf acht Internet-Seiten Produkte von Zahnpasta bis zu gebrauchten Armeetrucks an. Es wurden allerdings auch für 3,3 Milliarden US$ Schatzbriefe verkauft (über die Site „Treasury Direct" des Treasury Department). Dies lässt den Vergleich zwar hinken, verdeutlicht aber auch das erhebliche Potenzial, das in der elektronischen Abwicklung steckt.

Fazit USA

Wenn E-Government betrachtet wird, ist nicht zu übersehen, wo die Wiege des Internet steht. Ein vorbildlich und benutzerzentriertes Einstiegsportal erleichtert den Zugang zu elektronischen Dienstleistungen, von denen die Bevölkerung – dank der hohen Durchdringung mit PCs und Internet – reichlich Gebrauch macht. Die Einheitlichkeit und Interoperabilität kann jedoch noch verbessert werden: Vor diesem Hintergrund sind wohl auch die verstärkten Bemühungen in Richtung Zentralisierung und Bündelung der Aktivitäten zu verstehen.

Singapur: E-Government „von oben"

Der Tigerstaat gilt im Bereich E-Government als vorbildlich. Hintergrund ist ein massives Engagement der Regierung, die mit einer ehrgeizigen angebotsseitigen Strategie das Land im Standortwettbewerb profilieren will. Die Bilanz ist bislang eindrucksvoll:

- Mit Singapore ONE hat die Regierung 1997 das weltweit erste breitbandige Netzwerk mit E-Government-Plattform lanciert.

- Singapur hat ein starkes, IT-fokussiertes Bildungssystem und einen Pool von circa 35.000 bestens ausgebildeten IT-Spezialisten geschaffen.

- In Singapur hat sich eine starke IT-Industrie entwickelt, die über das letzte Jahrzehnt durchschnittlich um 30 Prozent gewachsen ist.

- Singapur gehört zu den führenden Nationen in puncto Computer- und Internet-Verbreitung. Zugangsmöglichkeit zum breitbandigen Singapore ONE ist inzwischen für 98 Prozent der Haushalte erreicht.

- Seit 1996 haben alle Beschäftigten im öffentlichen Dienst eine E-Mail-Adresse.

Die Förderung der Computerverbreitung und die Vernetzung des Landes stehen dabei schon länger auf der Agenda der Regierungen, wie die eindrucksvolle Liste nationaler Pläne anzeigt: Schon 1981 gab es einen „National IT Plan", gefolgt vom „Revised IT Plan" 1986 und dem „IT Masterplan 1992", mit dem Singapur zu einer „intelligent island" gemacht werden sollte. Aufsehen erregte insbesondere die Initiative „Public Service On-line" (PS On-line), die 1998 vom Kabinett beschlossen wurde und die vorsah, dass bis 2001 alle Schalterdienste elektronisch verfügbar sein sollten. Aufgesetzt wurde diese Initiative auf ein Breitbandnetzwerk „Singapore ONE", das den Bürgern ein neues Niveau interaktiver Multimediaservices, einschließlich E-Commerce, Online-Shopping, Home-Banking und E-Learning, bietet. Mit dem „ICT21 Masterplan" (2000) unterstreicht die Regierung ihre Prioritäten: Information und Kommunikation (IuK) wird als Wachstumssektor Nummer eins gefördert, und der Einsatz von IuK soll Singapur in den unterschiedlichsten Wirtschaftssektoren als Wissensgesellschaft positionieren.

Um die Kräfte organisatorisch zu bündeln, entstand im Dezember 1999 die Infocomm Development Authority (IDA) aus der Zusammenlegung des National Computer Board (NCB) und der Telecommunication Authority of Singapore (TAS). Zur IDA gehört das nun für E-Government federführende Government Chief Information Office (GCIO), dessen rund 400 Mitarbeiter an zentralen Initiativen arbeiten und den einzelnen Ministerien auch spezielle IT-Ressourcen zur Verfügung stellen.

Auf der forschungs- und entwicklungsbezogenen Seite wird Singapore ONE vom National Science & Technology Board (NSTB) unterstützt, das eng mit Firmen und Institutionen zusammenarbeitet, um neue Dienste ins Netz zu stellen. Das Economic Development Board (EDB) übernimmt Standortförderung und Wirtschaftsentwicklung, die Regulierungsbehörde Singapore Broadcasting Authority (SBA) fördert die Einspeisung von Inhalten durch Medienanstalten und andere Content Provider.

Die Initiative Singapore ONE greift auf zwei Ebenen: zum einen beim Aufbau einer breitbandigen Infrastruktur, zum anderen bei Anwendungen und Dienstleistungen. Mehr als 200 örtliche und ausländische Partner haben im Rahmen von Singapore ONE inzwischen über 180 Anwendungen erstellt. Bestimmte Services sind über FastAsia auch auf dem US-Breitbandmarkt abrufbar.

Die Regierung stellt dabei enorme finanzielle Mittel für die Entwicklung der Informationstechnologien zur Verfügung. Allein für die Business-Partner-Site der Singapore-ONE-Initiative werden 300 Millionen Singapur-Dollar für Infrastruktur, steuerliche Anreize und Programme ausgegeben – und das bei der geringen Größe des Stadtstaates.

Bei den Bürgern möchte die Regierung die Dringlichkeit der Nutzung von Online-Diensten entwickeln. Vorangetrieben wird dies durch Initiativen in den Schulen, aber auch durch Internet-Unterricht für viele verschiedene Gruppen wie Senioren, Behinderte, Arbeitsuchende usw. Die Regierung vergibt zudem gebrauchte PCs an Zehntausende von Haushalten. Über öffentliche Internet-Kioske haben alle Nutzer Zugang zum Breitband-Internet. Das Singapore Government Network Information Centre (SGNIC) gibt jedem Bürger über fünf Jahre eine E-Mail-Adresse und eine Internet-Seite.

In interner Hinsicht (G2G) hat Singapur seit den 80er Jahren die Möglichkeit gefördert, Anwendungen behördenübergreifend zu betreiben.

Dazu wurden drei „data hubs" aufgebaut: Land, Bürger und Einrichtungen (Unternehmen, Wohlfahrtseinrichtungen usw.). Über die Bürgerdatenbank wird ein One-Stop-Adressenabgleich, ausgehend von einem obligatorischen Meldewesen bei den Polizeistellen, unterstützt. Optional können auch private Organisationen wie Banken und Versicherungen von Adressänderungen unterrichtet werden.

Singapurs Ruf als führendes E-Government-Land beruht nicht nur auf der fortschrittlichen Breitbandtechnologie von Singapore ONE, sondern vor allem auf dem Umfang des Serviceangebotes und der Präsentation. So waren bereits im Frühjahr 2000 132 öffentliche Dienstleistungen online verfügbar. Insgesamt hat Singapur 500 Services identifiziert, die potenziell online abgewickelt werden könnten. Zu den bereits heute möglichen Dienstleistungen gehören z. B.:

- Steuererklärung („e-filing") – diese Dienstleistung wird intensiv genutzt (circa 40 Prozent der Steuererklärungen);
- Anmeldung für Studienplätze auf dem College;
- Abfragen von Schulabschluss-Prüfungsergebnissen;
- Arbeitsvermittlung für Arbeitsuchende und Arbeitgeber.

Im Hinblick auf die Präsentation kommt Singapur mit seinem zentralen Portal eine Vorreiterrolle zu. Das „eCitizen Centre" (www.ecitizen.gov.sg) ist ein Klassiker der integrierten Lebenslagen-Portale, ist jedoch nicht auf staatliche Dienstleistungen beschränkt. 1998 startete es als Pilotprojekt und zeigte nicht zuletzt den Regierenden die Möglichkeiten „integrierter" und „bürgerorientierter" Serviceangebote. Dies führte zum Beschluss der „PS On-line"-Initiative durch das Kabinett. Das eCitizen Centre ist ein One-Stop-Service, der elektronische Services nach einer Lebenslagenlogik bündelt und – gedacht als eine Art Ablauf – anbietet. Gebäude-Icons für Erziehung, Verteidigung, Familie, Wohnen, Transport, Business, Gesundheit, „law and order" und Beschäftigung sind auch grafisch entlang einer „road of life" auf der Portalmaske angeordnet und erlauben Zugriff zum online verfügbaren Informations- und Transaktionsangebot. Einzelne Bereiche ergänzen das Angebot (Anmeldung von Neugeborenen, Anmeldungen zur Schule und zum Wehrdienst, zudem Dienstleistungen in Verbindung mit Arbeitsuche, Unternehmensgründung, Pensionierung und Auslandsreisen).

Für jedes spezielle Ereignis wird umfassend über die erforderlichen Schritte informiert, Kontaktstellen werden angegeben und Antworten auf häufig gestellte Fragen angezeigt. Einige Dienste können mit Chipkarten auch schon völlig online abgewickelt werden. Für jedes dieser „Lebensereignisse" übernimmt ein Ministerium die Federführung. Die Steuererklärung ist dabei nicht zuletzt wegen der nachgewiesenen Einsparpotenziale einer der beliebtesten Online-Services.

Fazit Singapur

E-Government ist in Singapur weit fortgeschritten. Dabei ist jedoch zu beachten, dass Singapur durch zwei wesentliche strukturelle Rahmenbedingungen begünstigt wird. Singapur ist ein Stadtstaat mit nur einer Regierungsebene und somit entfallen komplexe Integrationsarbeiten. Zudem sind mit einer Gesamtbevölkerung von circa 3,4 Millionen Einwohnern und 60.000 Beschäftigten des öffentlichen Sektors die Aufgaben relativ überschaubar. Dennoch: Was zählt sind die Ergebnisse und der Nutzen für Bürger, Wirtschaft und Verwaltung: Hier hat der „Tiger" enormes Kapital aus günstigen Rahmenbedingungen geschlagen und mit einer hohen Kraftanstrengung und überlegter Vorgehensweise erstklassiges E-Government realisiert.

Frankreich: „Rattrapage" zur Spitze

Frankreich war bekanntlich schon einmal, Anfang der 80er Jahre, in puncto elektronischer Verwaltung mit dem Minitel-System äußerst fortschrittlich. Der Kleinbildschirm mit Tastatur, der fast neben jedem Festnetzanschluss zu finden war, erlaubte Informationsabfragen (wie z. B. Öffnungszeiten der Präfektur), aber auch beispielsweise Immatrikulationen an der Universität. Gerade der Erfolg des Minitel hemmte paradoxerweise in Frankreich lange Zeit die Verbreitung des Internet. Seit 1998 befindet sich das Land jedoch in einem rasanten Aufholprozess, sodass Frankreich beim E-Government zu den internationalen Spitzenreitern aufschließen kann.

Auch die französische Regierung unter Premierminister Jospin hat den Aufbau der Informationsgesellschaft zu einem ihrer Schwerpunkte gemacht und treibt die Umsetzung ehrgeizig voran. Zugleich wächst die Internet-Verbreitung in Frankreich in rasantem Tempo. Am 16. Januar

1998 wurde als Rahmenprogramm das PAGSI („Programme d'action gouvernemental pour préparer l'entrée de la France dans la société de l'information") verabschiedet. Anfang 2000 wurde von der Regierung zudem das Ziel gesetzt, dass bis Ende des Jahres alle öffentlichen Dienststellen im Netz vertreten sein müssten.

An dem Ausbau des Online-Angebotes wird kräftig gearbeitet. Bis Ende 2000 waren grundlegende öffentliche Informationen im Netz (Amtsblatt/Gesetzestexte, öffentliche Berichte, öffentliche Ausschreibungen etc.), bis 2003 sollen sämtliche Formulare ins Netz gestellt werden. Im Mai 2001 wurde dies für 55 Prozent der Formulare erreicht – im Vorjahr waren es erst 24 Prozent gewesen. Noch eindrucksvoller ist das Wachstum der Zahl öffentlicher Internet-Seiten, die sich von 1.600 im April 2000 auf 3.578 im Mai 2001 mehr als verdoppelt haben – wesentlicher Treiber sind dabei die Kommunen. Auf nationaler Ebene gibt es bereits eine Qualitätskontrolle: Im Frühjahr 2000 wurden erstmals 142 Websites einer externen Bewertung unterzogen.

Einzelne Ministerien setzen sich darüber hinaus weitere individuelle Ziele. Das französische Arbeitsamt ANPE (Agence nationale pour l'emploi) stellte 2001 einen Arbeitssuchdienst ins Netz und beabsichtigt, bis 2003 auf den direkten Datenabgleich mit anderen Organisationen vorbereitet zu sein. Das Sozialministerium, die Sozialbehörden und das Finanzministerium kooperieren, um Portale für Sozialdienstleistungen (z. B. Kinder- und Wohngeld) und Steuererklärungen aufzubauen.

Rund sechs Milliarden Francs wurden anfangs zur Finanzierung des PAGSI bereitgestellt, ein Drittel wurde für die Modernisierung der öffentlichen Dienstleistungen vorgesehen. Ein zusätzlicher interministerieller Fonds zur Unterstützung innovativer Projekte wurde 2000 von 60 Millionen Francs auf 130 Millionen Francs aufgestockt. Im Jahr 2001 wurden rund 5,5 Milliarden Francs für die Informationstechnologie des öffentlichen Bereiches ausgegeben, allein 600 Millionen Francs waren für Mitarbeiterschulungen vorgesehen.

Organisatorisch ist das Commissariat Général du Plan (www.plan.gouv.fr) für die Koordinierung der E-Government-Strategien zuständig. Ein interministerieller Ausschuss unter dem Vorsitz des Premierministers ist für die Implementierung der vereinbarten Aktionen zuständig, dem Ministerium für Wirtschaft, Finanzen und Industrie (MINEFI, www.finances.gouv.fr) kommt eine wesentliche Rolle bei der

Finanzierung zu. Im Januar 1998 veröffentlichte das MINEFI den Aktionsplan „Préparer l'entrée de la France dans la société de l'information", der im Februar 1998 durch einen detaillierten Plan des Premierministers mit 218 Handlungsfeldern ergänzt wurde. Schwerpunkte wurden in sechs Bereichen gesetzt: Schulwesen, Kultur, E-Commerce, Firmen im Sektor der Informations- und Kommunikationstechnologien, Modernisierung des öffentlichen Dienstes und Regulierung.

Um der Gefahr der Digitalen Spaltung entgegenzuwirken, hat die Regierung zudem angekündigt, innerhalb der nächsten zwei Jahre die Zahl der öffentlichen Internet-Zugänge von rund 1.800 auf 7.000 zu erhöhen. Für den Anschluss der Schulen ans Netz besteht seit Anfang 1998 eine Partnerschaft mit France Télécom. Auch im Bereich Kultur wird das Internet als Chance verstanden, den Zugang möglichst vielen zu öffnen. Das Ministerium hat eigens ein Portal www.culture.gouv.fr eingerichtet. Mit der Digitalisierung von wichtigen Texten, Gemälden, Tonaufnahmen usw. wird versucht, das kulturelle Erbe ins Netz zu stellen.

Ein wesentlicher Grund für das Engagement der französischen Regierung ist der Solidaritätsgedanke, der innerfranzösisch als Kampf gegen den „fossé numérique" (d.h. die „Digitale Spaltung") geführt, aber auch international als Mission begriffen wird – die Präsenz des Französischen im Netz soll dabei ein wesentlicher Hebel sein.

Auch im Bereich des E-Commerce will der französische Staat in die Spitzenposition vordringen und versteht elektronische Dienstleistungen als Steigerung der Wettbewerbsfähigkeit. Unternehmensgründungen sollen beispielsweise online möglich werden, die öffentliche Auftragsvergabe soll auch über das Netz abgewickelt werden können, und zur Förderung von E-Commerce werden spezielle Preise für besonders erfolgreiche und innovative Internet-Firmen verliehen.

Der Staat selbst sieht E-Government als Teil eines umfangreichen Modernisierungsvorhabens. Unter dem Dach des Ministère de la Fonction Publique (Ministerium für den öffentlichen Dienst) werden E-Government und Umbau der Verwaltung interministeriell verknüpft. Dabei wurden bereits beachtliche Ergebnisse erzielt. Auf der Ebene der Départements und der Regionen wurden im Jahr 2000 Intranet-Systeme eingeführt; ein nächstes Ziel ist der Aufbau eines interministeriellen Portals in jeder Präfektur. Dieses Ziel ist 2002 zu rund 75 Prozent erreicht.

Bereits Anfang 2000 waren 78 Prozent der staatlichen Dienststellen im Netz vorhanden und nach Regierungsangaben 40 Prozent (482) der für das Internet geeigneten Formulare der staatlichen Verwaltung online. Auch mit leistungsfähigen Portalen ist der französische Staat im Netz präsent (z. B. www.legifrance.fr für Gesetzestexte), seit Herbst 2000 ist ein zentrales Portal unter der Adresse www.service-public.fr verfügbar. Institutionen und Behörden sind auf dem Portal wie beim britischen Portal vor allem als Links aufgeführt. Zusätzlich können Institutionen und Behörden sowie einzelne Verwaltungsbeamte über eine eigene Suchmaske eine individuelle Suche durchführen.

Das Service- und Informationsangebot ist nach bestimmten für den Bürger/Verbraucher zentralen Interessenbereichen geordnet („Rente", „Gesundheit", „Wahlen", „Europa", „Verbraucher" etc.), zudem können Firmen auf herunterladbare Formulare und Informationen (z. B. öffentliche Ausschreibungen) zugreifen. Insgesamt rund 600 Formulare stehen den Bürgern inzwischen zum Herunterladen zur Verfügung, die meisten von ihnen allerdings lediglich zum Ausdrucken und anschließenden konventionellen Versenden an die zuständigen Verwaltungsstellen. Ein besonderer Service ist die Download-Möglichkeit von öffentlichen Berichten der Regierung und des Parlaments mit thematischer Suchmöglichkeit. Auch die über eine geografische Karte auffindbaren Links zu regionalen, departementalen und kommunalen Behörden und Einrichtungen sind äußerst benutzerfreundlich.

Dass das immer umfangreichere Angebot der französischen Verwaltung auch angenommen wird, zeigen jüngere Erhebungen deutlich. Nach Angaben des Internet-Analyseunternehmens Jupiter MMXI kamen im Februar 2001 über 1,6 Millionen Besucher auf öffentliche Websites. Am häufigsten wurden die Seite des französischen Erziehungsministeriums (227.000 Visits) und das Gateway „service-public" (176.000 Visits) angeklickt. Nach einer Erhebung von Eurobarometer, ebenfalls für Februar 2001, hat die Hälfte der französischen Internet-Nutzer eine Internet-Seite der Verwaltung besucht. In Deutschland, zum Vergleich, waren es bereits 61 Prozent.

Fazit Frankreich

Frankreich ist durch den Erfolg des Minitel hinsichtlich Internet und damit auch E-Government ins Hintertreffen geraten. Erst spät wurde der Überlegenheit des neuen Mediums Rechnung getragen. Doch mit beträchtlichen Ressourcen und einer systematischen Vorgehensweise lässt sich der Vorsprung der anderen einholen: Schon ein relativ leicht zu realisierender Formularserver stiftet bei Bürgern und Wirtschaft erheblichen Nutzen. Flankierende Maßnahmen betreffen das Schließen der Digitalen Spaltung und helfen nachfrageseitige Hindernisse – die Internet-Verbreitung fällt in Frankreich auch heute noch hinter führenden Nationen zurück – zu beseitigen. Frankreich erlebt ein „digitales Erwachen".

Deutschland: Zahlreiche Projekte und ein großes Programm

Deutschland verfügt über eine günstige Startposition für den Aufbau von E-Government. Das Internet findet immer stärkere Verbreitung und zahlreiche ambitionierte Projekte – nicht nur auf Bundesebene, sondern auch bei Landesregierungen und Kommunen – unterstreichen den Willen des öffentlichen Sektors, im E-Government voranzukommen. Deutschland ist nicht nur bei ausgewählten Internet-Dienstleistungen, wie z. B. dem Homebanking, führend, sondern zählt auch bei infrastrukturellen Voraussetzungen, wie z. B. der Versorgung mit ADSL-Anschlüssen, zu den weltweit führenden Nationen. Umfassend und vorbildlich vernetzt wurde die Bundesverwaltung mit dem System IVBV („Informationsverbund der Bundesverwaltung"). Das Netzwerk ist konzipiert als Weiterentwicklung des IVBB („Informationsverbund Berlin-Bonn"), mit dem die Dienststellen in Bonn und Berlin untereinander auf einer leistungsfähigen Plattform verbunden sind.

Die Bundesregierung selbst forciert die Verbreitung und Nutzung des Internet unter verschiedenen Gesichtspunkten. Ein wesentlicher Aspekt ist die Wettbewerbsförderung. Mit diesem Ziel veröffentlichten 1999 das Bundesministerium für Wirtschaft und Technologie (BMWi) und das Bundesministerium für Bildung und Forschung (BMBF) das Papier „Innovation und Arbeitsplätze in der Informationsgesellschaft des 21. Jahrhunderts". Ein weiterer zentraler Punkt wird in der gesellschaftlichen Herausforderung, wie z. B. in der „Digitalen Spaltung", gesehen. Im Programm „Internet für alle", von Bundeskanzler Schröder im Herbst 2000 vorgestellt, sind diese Aspekte gebündelt. Das Programm umfasst zehn Punkte, die über E-Government im Sinne eines Online-Dienstleistungsangebot des Staates deutlich hinausgehen. Es umfasst Maßnahmen zur gesamtgesellschaftlichen Internet-Qualifizierung (Internet als Bestandteil der Allgemeinbildung, Förderung des PC-Sponsoring für Schulen, Internet-Führerschein für Arbeitslose), zur Wettbewerbsförderung (Stärkung des Wettbewerbs im Ortsnetz, Steuerfreiheit für private Nutzung des Internet, Unterstützung des E-Commerce, Förderung von Selbstregulierung), zur Verbesserung der Sicherheit im Internet und zur Information der Bevölkerung. Spezifische Ziele dieses Aktionsplans waren beispielsweise, die Zahl der Internet-Nutzer von neun Prozent bis 2005 auf 40 Prozent zu erhöhen und zur Sicherheit des Internet ein Computer Emergency Response Team (CERT) aufzubauen. Wesentliche weitere Plattformen, die mit „Internet für alle" verbunden sind, sind die Initiative „Frauen ans Netz" und das Forum Informationsgesellschaft mit dem BMWi, das in verschiedenen Arbeitsgruppen (z. B. Bildung, Demokratie sowie Kunst und Kultur) eine Experten-Diskussionsplattform darstellt.

Auf der Ebene der Bundesverwaltung wird seit einiger Zeit die Modernisierung unter dem Leitbild „Moderner Staat – Moderne Verwaltung" unter der Federführung des Bundesministeriums des Innern (BMI) vorangetrieben. Ende Februar 2002 wurde über die mehrjährige Initiative Bilanz gezogen. Schwerpunkte lagen auf der internen Restrukturierung der Behörde, Abbau von Personal und Reduzierung der Anzahl der Behörden sowie Ausbau der betriebswirtschaftlichen Steuerungsinstrumente. Die Initiative leistet somit auch einen wesentlichen Beitrag zur Budgetentlastung, wie vom zuständigen Minister in der Pressekonferenz betont wurde.

Eng verbunden mit „Moderner Staat – Moderne Verwaltung" ist auch die Ende 2000 gestartete Initiative „BundOnline 2005" (www.bundonline2005.de). Mit seiner am 18. September 2000 auf dem Kongress der Initiative D21 gehaltenen Rede verkündete Bundeskanzler Schröder die Initiative mit dem Ziel, bis zum Jahr 2005 alle internetfähigen Dienstleistungen der Bundesverwaltung in den Bereichen G2C, G2B und G2G online verfügbar zu machen.

18 Modellprojekte unterschiedlicher Ministerien und Behörden werden derzeit umgesetzt (Abbildung 11).

	Umsetzungsstand	Interaktionsgrad	Nutzungsgrad
BAföG online (BMI/BVA): Digitale Verwaltung und elektronische Rückzahlung von Ausbildungs-darlehen	In Betrieb	Eng strukturiertes Antragsverfahren	12.000 Nutzer seit 1.11. 2000/ 8 Prozent der Anträge
Elektronischer Projektträger (BMWi): Betreuung von Forschungsvorhaben	In Betrieb, Ausbau der Funktionalitäten	Antragsverfahren	Ca. 1.250 For-schungsvorhaben
Arbeitsamt online (Bundesanstalt für Arbeit): Serviceangebot zur Arbeitsvermittlung	In Betrieb, Relaunch geplant	Information/ Recherche	250.000 Aufrufe/ Tag
DEPATISnet (BMJ/DPMA): Online-Recherche der Patentanmeldungen	In Betrieb, Ausbau geplant	Information/ Recherche	Ca. 5.000 Nutzer/ Tag
Öffentlicher Eink@uf online (BMI/BeschA)	Prototyp bis 12/01	Komplexe Transaktionen	Über 3.000 Be-schaffungsaufträge p.a. (potenziell)
Statistik-Shop (BMI/StBA): Bestellung von Publikationen	In Betrieb	Bestellservice	13.000 registrierte Kunden
DIGANT (Bundesdruckerei): Online-Anträge von Kommunen	In Betrieb, Ausbau erfolgt	Antragsverfahren	Ca. 100 Kommu-nen bis Ende 2001
ELSTER (BMF/OFD München, Erfurt): Übermittlung elektronischer Steuererklärungen	In Betrieb, Ausbau geplant	Antragsverfahren	Ca. 400.000 Steuererklärungen
IFOS-Bund (BMI/BaköV): Interaktives Fortbildungssystem	In Entwicklung	Recherche, Anmeldungen	Ca. 10.000 Kurs-teilnehmer/Jahr (potenziell)
Bestätigungsabfrage UST Ident.-Nr. (BMF/BfF): Gültigkeitsabfrage von Umsatzsteueridentifikationsnummern	In Betrieb	Datenabgleich	14.000 Online-Ab-fragen, 1.000 WAP/ Fax im Monat
w3stat (BMI/StBA): Intrahandels-statistik (Online-Meldeverfahren)	In Betrieb	Datenübermittlung in eine Richtung	Ca. 7.000 Unter-nehmen
PROFI (BMBF/BMWi): Projektförderungen	In Betrieb, Ausbau der Funktionalitäten	Antragsverfahren	1.400 eingetragene Nutzer/15.000 laufende Vorhaben
Atlas (BMF/Zollverwaltung): Abwicklung des kommerziellen Warenverkehrs mit Drittländern	In Betrieb, Ausbau erfolgt	Transaktion (x400 mit Internet-Anbindung)	49 Zollstellen für Einfuhrfunktiona-lität, 8 für Ausfuhr
Geodatensystem (BMI/BKG): Online-Vertriebssystem für Geobasisdaten	Metainformation; Vertrieb in Entwicklung	Metainformation/ Bestellservice	3.000 Zugriffe/ Monat
Asylis Web (BMI/BAFI): Daten-banken zum Themenkomplex Asyl	Eingeschränkter Wirkbetrieb	Information/ Recherche	Eingeschränkter Nutzerkreis
Liegenschaftsnachweis (BMF/BVV): Plattform zur Liegenschaftsverw.	Echtbetrieb bis 12/01	Information/ Recherche	Voraussichtlich hoch
Bildungskredit (BMI/BVA): Bildungs-kredit online beantragen und zurückzahlen	In Betrieb	Bewilligungs-verfahren mit Online-Beantragung	4.680 Nutzer seit 1.4.2001/60 Prozent der Anträge
BSV direkt (BMF/BSV): Verwaltung von Bundeswertpapieren	Im Aufbau	Online-Banking mit Bundeswertpapieren	Voraussichtlich hoch (derzeit 1,1 Millionen Konten)

Quelle: Umsetzungsplan BundOnline 2005

Abbildung 11: Modellprojekte der Bundesregierung

Die Stabstelle Moderner Staat – Moderne Verwaltung im BMI dokumentiert ausgewählte Fortschritte der Modellprojekte, macht sie einer breiten Öffentlichkeit zugänglich und lädt auch Kommunen und Landesregierungen dazu ein, ihre eigenen Initiativen mit dem Modellprojekt zu verschränken und sich aktiv zu beteiligen.

Große Resonanz in Medien und Wirtschaft fand die Veröffentlichung eines detaillierten Umsetzungsplans der deutschen Bundesregierung Ende 2001. Der Plan umfasst die gesamte Initiative BundOnline 2005, analysiert konkrete Voraussetzungen in technischer und rechtlicher Hinsicht und detailliert, welche Dienstleistungen die Bundesverwaltung online zu erbringen hat und in welchen Jahresscheiben dies erfolgen wird. Die Gesamtheit der mehr als 350 Dienstleistungen wurden dabei nach einem Schema mit neun Dienstleistungstypen strukturiert. Wie Abbildung 12 verdeutlicht, liegt dabei der Schwerpunkt auf drei Typen: Informationsdienstleistungen, Antragsverfahren und Förderverfahren.

Der Umsetzungsplan legt zudem fest, dass der Schwerpunkt der Umsetzung in den Jahren 2002, 2003 und 2004 gelegt wird (mit etwa jeweils 100 bis 120 Dienstleistungen pro Jahr). Angesichts der bislang insgesamt

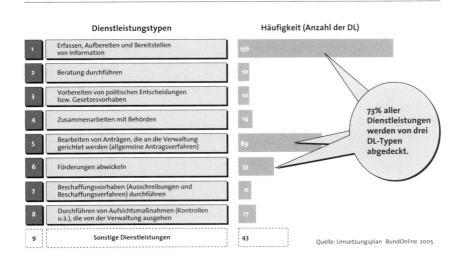

Abbildung 12: Häufigkeit von Dienstleistungstypen

nur 21 bereits online realisierten Dienstleistungen wird somit eine beträchtliche Geschwindigkeitserhöhung erwartet, um dieses ehrgeizige Ziel zu erreichen. Begleitet wird dies durch technische Maßnahmen, die die Erstellung ausgewählter Basiskomponenten (z. B. Zahlungsverkehrsplattform, Datensicherheit, Content Management System) betrifft und die zentrale Koordinierung aller dezentralen Umsetzungsprojekte durch das Bundesministerium des Innern. Damit scheint der Grundstein für die zentrale Orchestrierung eines der größten E-Government-Programme überhaupt gelegt zu sein. Und das, obwohl explizit betont wird, dass die Umsetzung der Dienstleistungen selbst (also der knapp 400 auf Bundesverwaltungsebene erbrachten Leistungen) ausschließlich dezentral, d.h. in den einzelnen Ressorts und nachgeordneten Behörden erfolgen soll.

Für die Umsetzung werden beträchtliche Mittel veranschlagt: Knapp 1,7 Milliarden Euro werden insgesamt in den Jahren bis 2005 erforderlich sein, neun Zehntel davon dezentral für die Umsetzung der Dienstleistungsprojekte in den Ressorts und Behörden. Bemerkenswert ist auch der erhebliche Anteil, der für Reorganisation und Prozessanpassungen veranschlagt wird: Immerhin 25 Prozent des gesamten Aufwandes fließt in die Neugestaltung der Abwicklung, bevor überhaupt die elektronische Realisierung in Angriff genommen wird. Weitere zehn Prozent werden für Schulungsmaßnahmen aufgewendet. Der größte Teil, nämlich fast die Hälfte des gesamten Finanzbedarfs, wird für Fachanwendungen (d.h. konkrete Softwareanwendungen) ausgegeben werden.

Zur CeBIT 2001 nahm die Bundesregierung ein zentrales Portal unter der Adresse www.bund.de in Betrieb, bei dem es sich um die erste von drei Stufen handelt, die bis 2005 verwirklicht werden sollen – dem Zeitpunkt, zu dem alle internetfähigen Dienstleistungen des Bundes online verfügbar sein werden. Zum jetzigen Zeitpunkt präsentiert sich das Portal vor allem als Suchplattform. Es führt mit Links zu Ministerien, Gerichten, Behörden und anderen Einrichtungen des Bundes sowie zu drei Bundesländern, über eine Textsuche jedoch auch zu den Angeboten auf Landes- und in geringerem Maße auf Kommunalebene. Zu den rund eintausend Online-Angeboten der circa 630 derzeit erfassten Institutionen gelangt man auch über eine Katalogpräsentation mit Kategorien wie „Verkehr und Transport", „Familie und Partnerschaft", „Kultur und Sport". Internet-Initiativen der Bundesregierung, eine Jobbörse und Ausschreibungen ergänzen die Präsentationsstruktur. Für die nächste

Stufe stehen die Erweiterung der Datenbank sowie eine Erläuterung der Kompetenzverteilungen an, ein „elektronischer Geschäftsverteilungsplan". Für die dritte Stufe werden elektronische Dienste gemäß einer Nachfragelogik geordnet. Zur CeBIT 2002 – zum ersten Geburtstag des Portals – wurde ein Formularserver freigeschaltet und ein überarbeitetes Design präsentiert.

Auf der Ebene der Bundesländer gibt es bereits mehrere, unterschiedlich weit gediehene Initiativen. Besonders ambitioniert sind die E-Government-Aktivitäten der bayerischen Staatsregierung.

„BayernOnline" ist eine umfassende Initiative zur Stärkung der IuK-Infrastruktur, -Wirtschaft und -Nutzung in Bayern. Im Rahmen dieser bereits 1994 begonnenen Initiative werden Projekte in unterschiedlichen Feldern gefördert, etwa unter den Aspekten Netzinfrastruktur, Netzsicherheit, Wirtschaft, ländlicher Raum und Bildung. Die Verwaltung ist ebenfalls ein Fokus der Initiative. Von den gegenwärtig mehr als 50 Projekten existieren im Bereich E-Government z. B. ein elektronisches Grundbuch („SolumStar/Net"), ein Bayerischer Schulserver, ein elektronisches Kommunikationssystem für Datenaustausch zwischen Justiz und Polizei („JUST-POL"), eine digitale Bilddatenbank der Polizei und ein zentraler Zugang zum Ausländerzentralregister (AZR) für die Ausländerbehörden in Bayern.

Seit November 1999 wird außerdem unter der Adresse www.baynet.de der Virtuelle Marktplatz Bayern (VMB) als bundesweites Pilotprojekt aufgebaut. Das ehrgeizige Projekt zielt darauf ab, die vorhandenen Marktplätze in Bayern zu vernetzen, also Kommunalbehörden, Unternehmen und individuelle Nutzer zusammenzuführen. Nach den Vorstellungen der Staatskanzlei soll der VMB „vom Arzt über Rathaus, Banken, Versicherungen und Geschäften bis zur Freizeitgestaltung alle Angelegenheiten des täglichen Lebens online erreichbar machen". Die Oberfläche kann von Nutzern entsprechend ihrer Interessen personalisiert werden.

Die nordrhein-westfälische Landesregierung plant, in Bonn ein Europäisches Institut für E-Government einzurichten. Unter Einbeziehung von weiteren Bundesländern und Partnern aus der Wirtschaft sollen E-Government-Anwendungen entwickelt und in Form von Best-Practice-Verwaltungen in Deutschland, aber auch in anderen europäischen Ländern zur Umsetzung angeboten werden. Darüber hinaus ist geplant, gezielte Fort- und Weiterbildungsangebote zu entwickeln, um Verwaltungsangestellte und Beamte mit dem Thema E-Government stärker vertraut zu machen.

Auch auf kommunaler Ebene gibt es Pioniere. Mannheim beispielsweise bietet auf seiner Internet-Seite Formulare für die unterschiedlichsten Anliegen an, von der Erteilung einer Baugenehmigung bis zu den Unterlagen für die Eheschließung. Die Stadt Osnabrück will es sogar ab Herbst 2002 jedem Unternehmer ermöglichen, den Stand seines Bauantrags oder seiner Gewerbeanmeldung online zu verfolgen. In Stuttgart können Kommunalpolitiker im Internet die Entwicklung von Vorlagen verfolgen und müssen nicht mehr bis zur Abstimmung im Rathaus warten. Das Bundesministerium für Wirtschaft und Technologie hatte für die besten Konzepte für „virtuelle Rathäuser und Marktplätze" den Wettbewerb MEDIA@Komm ausgeschrieben. Die Preisträger Bremen, Esslingen und Erlangen erhalten über drei Jahre insgesamt rund 25 Millionen Euro für die Umsetzung ihrer Ansätze.

Das Gesamtbild zeigt jedoch die Ausnahmestellung solcher Pioniere. Nach Einschätzung des Deutschen Städte- und Gemeindebundes sind zwar schon zahlreiche Rathäuser im Netz, 80 Prozent dieser Internet-Auftritte seien jedoch lediglich „Schaufenster" und nur 20 Prozent böten interaktive oder transaktionsorientierte Verwaltungsdienste an.

Fazit Deutschland

Insgesamt besticht Deutschland mit einer Vielzahl von E-Government-Aktivitäten auf Bundes-, Landes- und auch kommunaler Ebene, entsprechend den ausgeprägten föderalen Entscheidungsstrukturen. Was in Deutschland lange Zeit fehlte, war eine straffe, auch organisatorisch unterstützte und glaubwürdige „task force", die auf höchster Ebene die gezielte Koordinierung und Steuerung im Sinne eines E-Government-Masterplans vorantreibt. Diese Lücke wurde durch die Initiative „Bund-Online 2005" und die Bildung eines IT-Stabes durch das federführende Bundesministerium des Innern geschlossen. Des Weiteren werden auch Initiativen der Länder und der Kommunen stärker eingebunden. Dies ist umso wichtiger, als Lebenslagen oder Geschäftsepisoden keine Rücksicht mehr auf Grenzen nehmen, die durch föderale Verwaltungsstrukturen gezogen sind. Insgesamt befindet sich Deutschland somit auf einem viel versprechenden, mit konkreten Umsetzungsplänen unterstützten E-Government-Pfad.

eEurope: Europa als Dach

Auch auf internationaler Ebene lassen sich Regierungen darauf ein, die Herausforderungen des Internet anzunehmen. Über internationale Plattformen lassen sich zusätzliche Impulse setzen und das eigene Handeln im Erfahrungsaustausch (Austausch von Best Practices) besonders gut vergleichen.

Auch in den internationalen Foren geht E-Government mit den Erwartungen nach Effizienzsteigerung in der Verwaltung, erheblichen Kostensenkungen und erhöhtem Kundennutzen einher. Das bereits 1995 von den G7/8-Mitgliedsstaaten beschlossene Programm „Government On-Line" nennt ähnliche Motive. Unter dem Dach der GOL-Initiativen wurde jedoch auch der Aspekt der Demokratieunterstützung durch die Neuen Medien mit einbezogen. Im Rahmen der initiierten Programme wurde dabei das ehrgeizige Ziel verfolgt, bis zum Ende des Jahrtausends die meisten Transaktionen online abzuwickeln. Obwohl eine Gesprächsplattform geschaffen wurde, konnte dieses Ziel nicht erreicht werden. Nach dem Abschluss des G8-GOL-Projektes im September 1999 (als „G8 Information Society Project") findet es eine Fortsetzung in der GOL International Group unter der Präsidentschaft des schwedischen Statskontoret und ist eine Gesprächsplattform unter anderem für E-Demokratie.

Weiter reichend sind die Initiativen auf europäischer Ebene. Hier kommt der EU-Kommission eine treibende Rolle zu. Schon Anfang 1997 wurde im Rahmen eines von Booz Allen Hamilton für die niederländische Regierung durchgeführten Informations- und Kommunikationstechnologie-Benchmarking die Bedeutung des Themas für die EU-Kommission erkannt. Im Dezember 1999 startete die EU-Kommission die Initiative eEurope, um Europa ans Netz zu bringen. Als Ergänzung hat die Kommission im Januar 2000 eine Mitteilung über „Strategien für Beschäftigung in der Informationsgesellschaft" herausgegeben.

Nachdem eEurope bei den Mitgliedstaaten und beim Europäischen Parlament auf ein positives Echo gestoßen war, hat die Kommission auf dem Treffen des Europäischen Rates im März 2000 in Lissabon einen Fortschrittsbericht vorgelegt. Bei diesem Treffen hat sich der Europäische Rat das ehrgeizige Ziel gesetzt, Europa zur wettbewerbsstärksten und dynamischsten Wirtschaft der Welt zu machen. Auf der Grundlage dieser Zielrichtung haben sich die Staats- und Regierungschefs zu einer Reihe von Maßnahmen sowie zur Einhaltung bestimmter Termine verpflichtet, um eEurope voranzubringen. Auf dem Gipfel in Portugal (Juni 2000) wurde ein Aktionsplan beschlossen, der mehrere Aspekte umfasst (Abbildung 13).

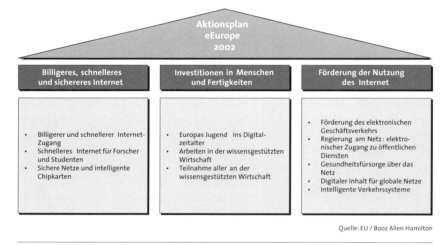

Quelle: EU / Booz Allen Hamilton

Abbildung 13: Aktionsplan eEurope

Ein Blick auf das Programm zeigt, wie umfassend der Ansatz gewählt wurde. Obwohl in vielen Bereichen als Akteure die Mitgliedsstaaten selbst bzw. der Privatsektor genannt werden, will sich die EU mehr und mehr zu einer Koordinierungsebene entwickeln. Die folgende Kurzskizzierung greift nur wenige Aspekte auf:

• Beim Hauptgebiet „billigeres, schnelleres und sichereres Internet" liegt der Akzent auf der Zugänglichkeit. Betroffen ist die Förderung des Wettbewerbs auf den Telekommunikationsmärkten mit dem Ziel der Kostensenkung und der weiteren Verbreitung multimedialer Dienste. Speziell für Forschungseinrichtungen wird der Aufbau eines breitbandigen Netzes – unter anderem durch Strukturfonds und die Europäische Investitionsbank (EIB) – gefördert. Für die Umrüstung der Anlagen auf 2,5 Gigabit/s hat die Kommission bereits im V. Rahmenprogramm 80 Millionen Euro zur Verfügung gestellt. Im inzwischen begonnenen Projekt „Géant" soll der Verbund der europäischen Forschungsnetze bis Ende 2001 auf zehn Gigabit ausgebaut werden. Als wesentlicher Erfolgsfaktor für die verstärkte Internet-Nutzung wurde das Vertrauen der Verbraucher in die Sicherheit der Transaktionen erkannt. Die EU stellt daher gemeinsame Grundspezifizierungen für die Interoperabilität und Sicherheit intelligenter Chipkarten auf. Auch die Entwicklung eines koordinierten Konzepts für die Bekämpfung der Cyberkriminalität fällt in dieses Gebiet.

- Das Ziel „Investitionen in Menschen und Fähigkeiten" richtet sich auf die Qualifizierung der Bevölkerung, insbesondere einzelner Gruppen, für die Herausforderungen des digitalen Zeitalters. So verpflichteten sich die Mitgliedsstaaten, alle Schulen in der Union bis Ende 2001 mit einem Netzzugang auszustatten und schrittweise an das Forschungshochgeschwindigkeitsnetz anzuschließen. Hierfür werden von Seiten der EU auch Mittel aus den Strukturfonds bzw. aus dem IST-Programm („Information Society Technologies Programme") zur Verfügung gestellt. Für eine möglichst breite Qualifizierung sollen auch Weiterbildungsmaßnahmen und allgemein auch mehr Flexibilität am Arbeitsplatz, z. B. durch Telearbeit und Teilzeitarbeit, gefördert werden. Eingeführt werden soll auch ein europäisches Diplom über grundlegende IT-Kenntnisse mit dezentralem Zertifizierungsverfahren. Auf europäischer Ebene wird ein Vergleichs- und Koordinationsverfahren zur Unterstützung einer Politik, die Informationsausschluss verhindert, angesiedelt. Insbesondere die Websites des öffentlichen Sektors sind so anzulegen, dass auch behinderte Bürger und Bürgerinnen die Informationen erreichen.

- Als drittes Ziel, „Förderung der Nutzung des Internet", soll durch eEurope die Entfaltung des E-Commerce, vor allem bei KMU (kleineren und mittleren Unternehmen) und im Bereich B2C, unterstützt werden. Diesem Gebiet ist auch die Beseitigung rechtlicher Hindernisse für die elektronische öffentliche Beschaffung zuzuordnen. Das

Gebiet „elektronischer Zugang zu öffentlichen Diensten" beschäftigt sich dagegen ausschließlich mit Fragen des G2C. Zur Anregung der Entwicklung und Nutzung europäischer digitaler Inhalte und zur Förderung der Sprachenvielfalt hat der Rat im Dezember 2000 die Einrichtung eines mit 150 Millionen Euro dotierten Programms eContent beschlossen. Weitere wichtige Akzente im Gebiet „Nutzung" sind Gesundheitsfürsorge (hier liegt der Fokus auf Infrastruktur und Qualitätssicherung von Webstandorten) und verschiedene Initiativen zur Verkehrssteuerung (Straße, Schiene, Wasser, Luftraum).

Die Verästelung des Aktionsplans wird beim Herausgreifen des Gebietes „Regierung am Netz – elektronischer Zugang zu öffentlichen Dienstleistungen" deutlich (Abbildung 14).

Allein auf diesem Gebiet werden die Prioritäten der nationalen Regierungen im Angebot des G2C weitgehend abgebildet. Die (sehr ehrgeizigen) Zieldaten und der europäische Rahmen sorgen dabei in den Län-

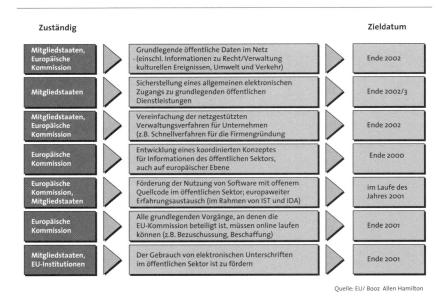

Abbildung 14: Regierung am Netz – elektronischer Zugang zu öffentlichen Dienstleistungen

dern für weitere Impulse. Zugleich mögen sie eine gewisse Strukturierung auf den nationalen bzw. subnationalen Agenden und damit ein gezielteres Vorgehen erlauben. Auch an ein einheitlicheres Vorgehen nach außen, etwa in den Gremien der WTO und der G8, ist dabei gedacht.

Die EU-Institutionen nehmen sich selbst bei der Bereitstellung von Behördendiensten mit einer Art Vorreiterrolle in die Pflicht. Es wird unter anderem auf europäischer Ebene ein Benchmarking-System angesiedelt – erste Ergebnisse sind in der Kommissionsmitteilung für den Europäischen Rat in Stockholm zu sehen. Speziell für Angebot und Nutzung der grundlegenden öffentlichen Dienstleistungen wurde bis März 2001 ein Satz von zwanzig solcher Services erarbeitet, acht davon im G2B, zwölf im G2C-Bereich. Zweimal jährlich wird in Zukunft die Anzahl der online verfügbaren Dienste und ihre Nutzung erhoben. Die Fortschritte bei der Online-Bereitstellung werden mit einem vierstufigen Schema bewertet: 1) Online-Veröffentlichung von Informationen; 2) einseitige Interaktion; 3) beidseitige Interaktion; 4) vollständige Transaktionen einschließlich Lieferung und Bezahlung.

Insgesamt kann das Ziel der breit angelegten E-Europe-Initiative darin gesehen werden, auf europäischer Ebene eine Dynamik anzusiedeln, der sich die Akteure in den Mitgliedsstaaten nicht mehr entziehen können. Selbst die Beitrittskandidaten haben auf ihrer Konferenz in Warschau 2000 mit „eEurope+" ein angelagertes Programm entwickelt, und auch Norwegen verfolgt mit „eNorge" eine ähnliche Richtung wie „eEurope". Trotzdem ist vorherzusehen, dass der Plan trotz des Zieldatums 2002 nur einen ersten Schritt in einem fortdauernden Prozess darstellt. Für den Bereich G2C ist dabei aufschlussreich, dass beim Treffen der für die öffentlichen Dienste zuständigen Minister im November 2000 in Straßburg über die Bestimmung erster Indikatoren zur Leistungsbemessung hinaus gleich eine Arbeitsgruppe zur Erörterung weiterer Möglichkeiten des E-Government und zu seinen Auswirkungen auf die öffentlichen Verwaltungen eingesetzt wurde.

5 G2C: Mehr Service für den Bürger

Kaum ein Politiker widerstand in jüngster Vergangenheit der Versuchung, den Begriff „bürgerfreundliche Verwaltung" zu strapazieren: Von Modernisierung der Verwaltung zum Nutzen der Bürger und einem komfortablen, kundenorientierten Umgang der Behörden mit dem Bürger ist die Rede. Während im Bereich G2G behördeninterne Abläufe und bei G2B der Umgang mit der Wirtschaft im Mittelpunkt stehen – z. B. E-Procurement zur Entlastung staatlicher Budgets –, ist Government to Citizen, G2C, aus Sicht der öffentlichen Hand der heikelste und schwierigste Bereich. Der Bürger – zunehmend internetmündig – stellt nicht nur erhöhte Anforderungen an Unternehmen, sondern auch an das öffentliche Dienstleistungsangebot. Zudem werden durch die relativ großen Kundensegmente erhöhte technische Anforderungen erkennbar, speziell dann, wenn es sich nicht um bloße Informationsangebote, sondern um Transaktionen handelt. Daher ist es wenig verwunderlich, dass das Thema G2C bislang nur halbherzig in Angriff genommen wurde.

Die Gründe für die stiefmütterliche Behandlung von G2C sind vielschichtig. Zunächst wird Bürgernähe nicht von der Verwaltung und ihren Beauftragten für Informationstechnologie oder Modernisierung proklamiert, sondern von gewählten Politikern. Die mit der Implementierung beauftragten Verwaltungsbeamten – keinem Wahlverfahren, aber meist knappen Budgets ausgesetzt – neigen weniger zu Prestigeprojekten als vielmehr dazu, die Ressourcen nach klar erkennbaren, idealerweise messbaren Kriterien zu verteilen. Diese Einschätzung wird durch eine Reihe von Untersuchungen gestützt. G2C-Dienstleistungen sind deshalb deutlich im Nachteil: Die Amortisation von Umsetzungskosten ist z. B. im Beschaffungswesen als zentralem G2B-Aspekt wesentlich leichter nachweisbar als mit exzellenten Bürgerinformationen via Internet. Zwar lässt sich mit der Verminderung von Druck-, Versand- und

Abwicklungskosten für Broschüren argumentieren, insgesamt aber hält sich das Sparpotenzial für die Behörde in Grenzen. Der Nutzen für den Bürger steht klar im Vordergrund.

Eine Hürde sind zudem technische Fragen. Eine einzige Steuererklärung, die für Unbefugte wegen einer Sicherheitslücke lesbar würde, hätte große negative Auswirkungen. Durch die potenziell hohe Nutzungshäufigkeit im G2C treten Fehler besonders schnell zu Tage. In Deutschland wird erwartet, dass z. B. Steuererklärungen via Internet mittelfristig Nutzerzahlen von einigen Millionen aufweisen werden. Aber auch Dienstleistungen, die sich nur an Segmente richten, könnten bald 100.000 Nutzer im Jahr überschreiten (z. B. Antrag auf Wehrdienstverweigerung).

Vielfach verhindern auch zusätzliche Aufwendungen für den Bürger, E-Government wirkungsvoll einzusetzen. Für die qualifizierte elektronische Signatur benötigt der Nutzer in der Regel ein Kartenlesegerät zum Preis von zurzeit etwa 70 Euro. Für Behörden oder Unternehmen spielt dieser Betrag keine Rolle, wenn man mit dieser Investition Prozesskosten einsparen kann. Die Mehrzahl der Bürger jedoch könnte diese Vorausleistung auf Grund der derzeit nicht sonderlich breiten Nutzungsmöglichkeiten abschrecken.

Schließlich besteht auf Seiten des Staates oftmals schlicht Angst davor, speziell für den Bereich G2C neue Medien einzusetzen: Was sich über Jahrzehnte in Bürokratie und Kameralistik herausgebildet hat, das soll nun über Nacht einfacher, schneller und kundenfreundlicher werden. Dabei ist es nicht so sehr die Technologie selbst. Es sind vielmehr die erheblichen organisatorischen und prozessualen Veränderungen, die auf die Mitarbeiter der Verwaltung zukommen. Diese Veränderungen rufen Unsicherheiten hervor, wie das folgende Beispiel aus der Praxis illustriert: Schon 1996 wurde in einer europäischen, verkehrstechnisch wenig erschlossenen Region durch einen Service Provider eine relativ einfache Software zur Beantragung von Reisepässen installiert. Sie „verlängerte" eine recht aufwändige Datenverbindung (nicht via Internet) von einer größeren Stadt in einen gut 50 Kilometer entfernten Ort in einem schwer zugänglichen Tal. Man wollte den dortigen Bürgern die verhältnismäßig lange Anreise in die Stadt ersparen. Sowohl aus Bürger- als auch aus Behördensicht war diese Lösung sehr nützlich. Sie wurde in der von einem Provider gesponserten Pilotphase regelmäßig und häufig frequentiert. Dass das Projekt nach der mehrmonatigen Anlaufphase endete, lag weder an technischen Problemen oder Sicherheitsbedenken noch an mangelndem Publikumsinteresse. Problematisch war vielmehr der Widerstand aus der EDV-Abteilung der Regionalverwaltung: Sie sah sich plötzlich genötigt, Lösungen zu erarbeiten, die im ursprünglichen Konzept nicht vorgesehen waren und eventuell mit Statusnachteilen einhergingen. Indem man das Projekt torpedierte, wollte man klarstellen, dass die IT-Spezialisten definierten, wer welche Datenleitungen wo für welche Anwendungen nutzen sollte. Individuelle, am Bürger orientierte Ad-hoc-Verbesserungen im bestehenden System waren unerwünscht und wurden verhindert. Schließlich sah sich der Provider dieser technisch recht aufwändigen Lösung wegen Budgetverweigerung gezwungen, die Datenverbindung zu kappen und die Hardware abzubauen. Die Bürger hatten das Nachsehen und waren ebenso wie die engagierten Mitarbeiter der lokalen Behörde, wie Presse und Politiker fassungslos angesichts des Verhaltens der EDV-Abteilung.

Zunehmend begreifen sich Bund, Länder und Kommunen jedoch als wichtige Akteure der Informationsgesellschaft, die Online-Inhalte bereitstellen müssen und selbst Informationstechnologie einsetzen wollen, um ihre Aufgaben schneller, besser und effizienter zu erfüllen. In Deutschland definieren heute Interessenvereinigungen die Anforderungen an den Staat als aktiven Partner der Informationsgesellschaft und erarbeiten Lösungen für bestimmte Nutzergruppen, wie z. B. Mediziner, oder für bestimmte Querschnittsthemen, wie z. B. Datensicherheit. Der Staat hat inzwischen eine Vorreiterrolle übernommen, präsentiert sich selbstbewusst auf IT-Messen, stellt Pilotprojekte vor und wirbt um Unterstützung in Medien und Wirtschaft.

Darüber hinaus boten in jüngerer Zeit einige Verwaltungsstellen – oft getrieben von medienorientierten Politikern – erste partizipatorische Dienstleistungen an. Darunter sind Dienstleistungen zu verstehen, die eine stärkere Mitwirkung der Bürger am politischen Prozess zum Ziel haben. Der Bürger soll nicht nur herkömmliche Dienstleistungen leichter nutzen können, sondern von tatsächlich neuen, bisher nicht realisierbaren Leistungen profitieren. Angebote zielen noch nicht auf elektronische Wahlen (E-Voting), aber auf eine stärkere Bürgerbeteiligung bei bestimmten legislativen oder verwaltungstechnischen Vorgängen. Die Bürger als regionale Gemeinschaft und Stakeholder sollen aktiver werden, sich engagieren, ihre Meinung äußern. Hier schlummert ungeahntes Potenzial, noch bevor die Wahl via Internet Realität wird. Anders als die reinen Verwaltungsdienstleistungen ist diese Form von E-Government im Stande, unser Demokratieverständnis und Zusammenleben auf den Kopf zu stellen. Dieses revolutionäre Potenzial wird daher sehr kontrovers diskutiert: Eine Trivialisierung des demokratischen Entscheidungsprozesses, möglicher Missbrauch durch Demagogen und brillante Selbstdarsteller sind die Themen. Und überhaupt: Welcher Politiker ist wirklich bereit, sich täglich wählen zu lassen? Hier ist noch eine Versuchsreihe erforderlich, um die Diskussion zu begleiten und sinnvolle Online-Angebote zu gestalten (siehe. Kapitel 8).

Die künftigen Herausforderungen, denen sich der Staat im Bereich G2C stellen muss, sind mit jenen der kommerziellen Anbieter vergleichbar. Drei Fragen stehen im Vordergrund, ähnlich wie für G2B und G2G:

1. Welche G2C-Dienstleistungen soll eine Behörde, eine Stadtverwaltung oder eine Region elektronisch anbieten? Gibt es ein Standardrezept? Was ist Best Practice? Muss gleich zu Beginn das gesamte Portfolio denkbarer Dienste abgedeckt werden? Welche soll man vorrangig bereitstellen?

2. Wie wird sichergestellt, dass der Bürger als Kunde sein gewünschtes Angebot findet?

3. Wie lässt sich sicherstellen, dass die Dienste in der vorgesehenen Form breit genutzt werden?

Diese Fragen stehen im Mittelpunkt der folgenden Ausführungen. Konkrete Praxisbeispiele erläutern, welche Anwendungen bereits existieren und welche Erfahrungen damit gemacht wurden.

Die drei Stufen des E-Government im Bereich G2C

1. Stufe: Webpräsenz – Informationsangebot

Der „kleine Handwerker um die Ecke" und Privatleute haben ihre eigene Internet-Seite, da sollten Stadtverwaltungen oder Ämter nicht länger zurückstehen. Spätestens seit Politiker die kostengünstigen Möglichkeiten für die Eigendarstellung im Internet erkannten, gilt ein eigener Webauftritt als Muss. Der Fokus von Webpräsenz und Informationsangebot liegt häufig auf der Selbstdarstellung – und Beamte vergessen darüber manchmal, welche Informationen aus Sicht des Bürgers relevant sind. So wurden beispielsweise Druckschriften, die auf den Ämtern ausliegen, einfach ins Netz gestellt. Womöglich dauert es dann wegen eingescannter Bilder und Grafiken recht lang, bis der Nutzer eine Broschüre über eine schmalbandige Leitung betrachten kann. Die Informationen beschränken sich meist auf:

- den Zweck der Behörde oder Verwaltungseinrichtung, vergleichbar dem „mission statement" eines Unternehmens,

- Adressen, Ansprechpartner und Telefonnummern, schon seltener allgemeine E-Mail-Adressen, wie z. B. service@behörde-xy.de,

- Öffnungszeiten für den regulären Publikumsverkehr,

- offizielle Dokumente, die von der Behörde publiziert werden, z. B. Tätigkeitsberichte.

Eine Rubrik „Aktuelles" z. B. für Informationen zu Veranstaltungen, Wahlen, Urlaubsvertretungen, baulichen Veränderungen oder neuen Büroadressen fehlen meistens vollständig. Sie sind mit einigem redaktionellen Aufwand verbunden, und auch kommerzielle Anbieter tun sich oft schwer, diese Informationen bereitzustellen.

2. Stufe: Interaktion – Kommunikationsangebot

In dieser Phase gehen Behörden dazu über, Basisfunktionen wie Suchmasken, intelligente Links zu anderen Behörden oder Optionen für den Download von Formularen anzubieten. Ihr Nutzen kann beträchtlich sein: Bürger sparen sich häufig zumindest den ersten Amtsweg, einen Anruf oder eine Anfrage per Fax für die Lohnsteuerkarte oder ein Steuerformular. Die E-Mail-Funktion löst den herkömmlichen Kontakt zwischen Bürger und Behörde per Telefon, Brief oder Fax ab. Die Initiative für E-Mails kann sowohl vom Bürger ausgehen als auch von der Behörde – z. B. um daran zu erinnern, dass der Reisepass bald ungültig wird, oder um einen Termin zum Abholen des neuen Dokuments mitzuteilen. Beispielhaft sind:

- Terminvereinbarungen für Sprechstunden,

- Benachrichtigungen,

- Buchung einzelner behördlicher/amtlicher Dienstleistungen wie Sperrmüllabfuhr oder Schädlingsbekämpfung,

- Angebot moderierter oder nachbereiteter Chatforen zu aktuellen Themen und

- Betrieb und Redaktion eines Formularservers.

3. Stufe: Transaktion – „Vertragsabschluss"

Auf dieser Stufe geht die Behörde bedeutend weiter und ermöglicht es dem Bürger, Amtsvorgänge vollständig über das Web zu erledigen. Die Bewohner Singapurs können online Steuererklärungen oder Anträge für eine Wahlkarte einreichen sowie finanzielle Transaktionen abschließen oder zumindest anstoßen. In Schweden läuft ein Pilotprojekt zur elektronischen Steuererklärung mit mehr als 5.000 kleinen und mittelständischen Betrieben. Die Crux der dritten Phase:

- Erst Transaktionen nimmt der Bürger als echte Verwaltungsrevolution wahr; reine Informationen werden als Einstieg oder Zwischenstufe angesehen.

- Interaktivität verursacht zunächst einen erheblichen technischen Aufwand, weil erst Webschnittstellen einen direkten Zugriff auf IT-Systeme der Behörde ermöglichen. Transaktionen müssen zumeist fälschungssicher, nachvollziehbar und archivierbar, authentifizierbar und geheim sein. Werden diese Herausforderungen nicht bewältigt, kommen die Vorteile von E-Government, insbesondere Einsparungen, nicht oder nur teilweise zum Tragen. Medienbrüche treten auf, oder es werden rechtliche Grundsätze verletzt.

Ein wenig tröstlich für Behörden: Auch kommerzielle Anbieter wie Tele-kommunikationsunternehmen haben mit dieser Phase nach wie vor ihre liebe (technische) Not. Selbst junge, erst seit wenigen Jahren am Markt agierende Unternehmen der Informations- und Kommunikationstechnologie kämpfen mit unübersichtlich gewordenen Konglomeraten unabhängiger IT-Systeme. Abgleich und Abstimmung sind aufwändig, beispielsweise zwischen den Systemen für Vertriebsinformationen und Auftragsabwicklung. Die viel gepriesene Web Enabled Customer Care, also die Pflege der Kundendaten durch die Kunden selbst, ist in weiten Teilen noch nicht ausgereift. Lediglich Internet-Serviceprovider – zumeist in Kombination mit kostenfreien E-Mails, Webspaces oder SMS – oder die Kundenbindungsprogramme einiger Fluggesellschaften gehen relativ weit, wenn es um den Zugriff von (nicht direkt zahlenden) Kunden auf die IT-Ressourcen geht, z. B. um das Kundenprofil anzupassen.

Technisch gesehen liegt eine der größten Schwierigkeiten darin, in den Datenbanken der Behörden Redundanzen und Schnittstellen zu bereinigen und zu vereinfachen – durch eine überlegte Systematik und Struktur der Datenbestände sowie der Prozesse. Die Anpassung der Behördensysteme beginnt in der Regel mit einer umfassenden Datenmodellierung und -strukturierung unter Einsatz moderner CASE-Methoden (Computer Aided Software Engineering). Nur so wird vermieden, dass Vorgänge mehrfach erfasst und bearbeitet werden – mit allen negativen Konsequenzen, die das für den Bürger hätte. Die Behörden sollen den Fehler vermeiden, zuerst ihre räumlich verteilten Geschäftsstellen und Niederlassungen breitbandig zu vernetzen und die Hardware zentral oder dezentral hochzurüsten: Damit werden strukturelle Probleme häufig zementiert und das Budget reicht nicht mehr für sinnvolle Maßnahmen. Erhebliche finanzielle Mittel – dies sei an dieser Stelle klar herausgestellt – sind nämlich erforderlich. Modern sein kostet Geld. Für die grundlegende Neustrukturierung und Programmierung typischer Verwaltungsvorgänge im Bereich G2C, inklusive Aufbau eines relationalen Datenmodells für eine mittelgroße Region mit etwa einer Million Einwohner, muss mit zweistelligen Millionen Euro kalkuliert werden. Vernetzungssysteme und Hardware gehen dabei interessanterweise weit weniger ins Geld als der Aufbau von Datenbanken, die Lizenzen für Software, die Migration vom alten auf das neue System und die Anpassung der Prozesse.

Den nicht unerheblichen technischen Anforderungen zum Trotz beginnen erfreulicherweise immer mehr E-Government-Initiativen, die dritte Stufe „Transaktion" ins Visier zu nehmen. Folgende Beispiele sind heute denkbar und in einigen Ländern bereits Realität:

- Anträge für Führerscheine oder Ausbildungsdarlehen,
- Steuererklärungen,
- Cluster von Behördenwegen für bestimmte Lebenslagen wie Geburt, Heirat, Todesfall oder Umzug,
- Online-Verfolgung von Anträgen, Akten oder die Statusprüfung innerhalb der Behörde (analog zum Tracking & Tracing von Kurierdiensten unter Einsatz von Workflow-Anwendungen),
- elektronische Wahlen (Experimentierstadium).

Der Vorteil für die Nutzer liegt in der Ersparnis von Zeit und Wegen und der Verfügbarkeit rund um die Uhr, sieben Tage die Woche. Gelingt es der Behörde, ein sinnvolles, intuitiv anwendbares Leistungsbündel zusammenzustellen, käme man dem heutigen Verständnis von Bürgerservice „de luxe" schon nahe. Für die Behörden liegen die Vorteile ebenfalls auf der Hand: Staus im Antragswesen werden vermieden, das Image lässt sich wesentlich aufpolieren, die Arbeit beschleunigen und verstetigen, die Fehlerrate reduzieren. Nicht unerwähnt bleiben soll, dass sich Ersparnisse im G2C – auch auf Grund weiterhin vorzuhaltender Parallelstrukturen – eher mittelfristig einstellen. Das Image jedoch ist sehr viel rascher und unmittelbarer zu verbessern.

Ein weiterer Vorteil durchgängiger elektronischer Lösungen liegt in der Unabhängigkeit vom Medium, das der Bürger für seine Amtsgeschäfte wählt. Ziel ist selbstverständlich, den Anteil der via Internet eintreffenden Anträge oder Verfahren zu maximieren – und damit die Kosten zu reduzieren. Wenig realistisch ist jedoch, dass elektronisch gestützte Verfahren das traditionelle Antragswesen per Brief oder persönlichem Besuch vollständig ersetzen. Im Multikanal-Ansatz sollten die Daten deshalb möglichst frühzeitig in das einheitliche System übernommen werden, um maximale Homogenität in der Bearbeitung zu erreichen. Das heißt in der Praxis: Der Mitarbeiter im Call Center oder der Beamte, der einen Brief oder einen persönlichen Besucher bearbeitet, findet dieselbe Maske, dasselbe Eingabesystem vor wie der Bürger zu Hause am

PC oder im Internet. Die Region Tameside bei Manchester, Großbritannien, praktiziert diesen Weg bereits vollständig und mit Erfolg: Schon mehr als 40 Prozent aller Dienstleistungen sind über entsprechende Anwendungen abgedeckt; Ende 2003 sollen sie komplett implementiert sein.

Transformation und Behördenwandel

Am Ende eines erfolgreichen Programms für E-Government sollte der Bürger

- eine Kontaktstelle für alle seine Anfragen an die betreffende Behörde unabhängig von der Verwaltungsebene haben,

- die wichtigsten, behördlich relevanten Lebenslagen bequem, schnell und fehlerfrei finden und nutzen können sowie

- über umfassende Transparenz zum Vorgang innerhalb der Behörde verfügen.

Dieses – äußerst ambitionierte – Ziel greift massiv in die Systemwelt und Struktur der Behörde ein und verlangt den Einsatz z. B. hoch moderner Workflow-Anwendungen sowie spezieller Systeme für das Citizen Relationship Management (CitRMs). Sicherheitsaspekte spielen zunehmend eine Rolle. Die Art und Weise wird sich ändern, wie eine Behörde ihre Dienstleistungen erbringt. Denkbar sind beispielsweise bezirksübergreifende Kompetenz- oder Effizienzzentren – Passanträge übernimmt Verwaltungsbezirk A, Jagdlizenzen Verwaltungsbezirk B –, sodass nicht jede Kreisverwaltung oder Landesregierung die gesamte Dienstleistungspalette vorhalten muss. Auch für die öffentliche Hand tun sich also völlig neue „Geschäftsmodelle" auf.

Vorrangigkeit der Dienste

Über die Konzeption von E-Government-Programmen und ihre zeitliche Struktur hinaus stellt sich für jede Verwaltungseinrichtung die Frage, welcher Entwicklungspfad konkret eingeschlagen werden sollte. Gibt es eine allgemein gültige Empfehlung für die Gestaltung der Leistungsangebote, um sie von Anfang an bestmöglich zu entwickeln? Welche Fehler sind bei der Auswahl zu vermeiden?

Wie Booz Allen Hamilton in vielen Projekten nachweisen konnte, ist ein Standardportfolio nach dem Grundsatz „one size fits all" nicht sinnvoll und in bestimmten Fällen kontraproduktiv. Jede Verwaltungseinheit muss für sich, ihrer spezifischen Situation und den Ressourcen entsprechend, beurteilen, welche Elemente für E-Government zu welchem Zeitpunkt realisiert werden sollten. Findet ein Angebot kein Interesse bei den Bürgern, gefährdet die Behörde die Akzeptanz ihres gesamten E-Government-Programms. Bei technischen Schwierigkeiten muss gegebenenfalls das Programm völlig neu ausgerichtet werden.

Zunächst sollten die eigenen Aktivitäten und geplanten Dienste kritisch aus Sicht eines kommerziellen Anbieters betrachtet werden. Welches sind die tatsächlichen „Produkte" einer Behörde? Welche sind aus Sicht des Bürgers wirklich wichtig? Müssen z. B. tatsächlich alle Formularvordrucke elektronisch verfügbar sein, oder könnte die Vielfalt zuvor um 20 Prozent verringert werden? Für die Entscheidung helfen folgende Kriterien:

- Wie viel Zeit muss der Bürger für die Dienstleistungen über den traditionellen Behördengang investieren?

- Wie viel Durchlaufzeit fällt für typische behördliche Vorgänge an, d.h., wie lange muss ein Bürger z. B. auf seinen Reisepass warten?

- Wie komplex ist der Prozess aus Bürgersicht in puncto eigener Vorbereitungen? Muss er z. B. vorab Unterlagen besorgen oder andere Behörden aufsuchen?

- Welche Beratungsleistungen erwartet der Bürger?

Diese Faktoren bestimmen das Nutzenpotenzial für den Bürger aus dem Einsatz von IT. Es sollte die primäre und wichtigste Komponente sein, nach der sich die Behörde oder der Verwaltungsapparat richtet. Sodann ist zu prüfen, welchen Nutzen etwa in Form von Einsparungen die Integration eines Dienstes in E-Government verspricht. Folgende Kriterien sind dabei zu berücksichtigen:

- Wie viele Ressourcen erfordert jeder Prozessschritt? Wie viele Stellen sind involviert? Wie oft müssen die Daten, z. B. bei Medienbrüchen, neu eingegeben oder aufbereitet werden?

- Wie oft wird der Vorgang vom Bürger nachgefragt?
- Welche externen Kosten fallen zusätzlich an, beispielsweise durch Gutachten, Verträglichkeitsprüfungen oder Datenbankrecherchen?

Nach der Bewertung dieser Kriterien lässt sich eine zweite Maßzahl konstruieren. Sie bewertet die Attraktivität eines Online-Dienstes oder -Vorgangs aus Behördensicht. Die flankierende Verwendung dieser auf den Behördennutzen abzielenden Maßzahl widerspricht keineswegs der Kundenorientierung im E-Government. Denn mittelfristig ziehen die favorisierten Dienste größere Ersparnisse nach sich und geben schnell weitere Ressourcen für die Vervollkommnung des geplanten Programms frei – und dies ist zum Nutzen der Bürger.

Um das Risiko des Scheiterns abzuwägen, ist noch eine dritte Maßzahl erforderlich. Eigentlich scheint eine grundlegende, alle Dienste umfassende Reorganisation und rechnergestützte Aufbereitung aller Verwaltungsvorgänge am elegantesten zu sein: Man entwickelt in aller Ruhe in einem mehrjährigen Programm ein völlig neues Prozess- und Datenmodell, programmiert es, testet es ausreichend und implementiert dieses System dann über ein paralleles Schulungsprogramm. Man könnte sogar argumentieren, dass diese Vorgehensweise bezüglich der Gesamtkosten am vorteilhaftesten sei. Jedoch birgt der Ansatz zwei große Risiken:

- Dauern Programme zu lange, verlieren alle Beteiligten, insbesondere die Bürger, das Interesse daran. Auch behördenintern könnte so – weil dann auch die progressiven Kräfte unter der Beamtenschaft nicht mehr daran glauben – das gut gemeinte „Gesamtprogramm" einen schnellen Tod erleiden.
- Die Informationstechnologie entwickelt sich sehr dynamisch. In zwei, drei Jahren sind durchaus völlig neue Systeme und Ansätze für bestimmte Dienste verfügbar; man denke nur an das Thema Sicherheit. Der ursprüngliche Ansatz könnte deswegen in Frage gestellt werden. Ungeachtet dessen haben jedoch einzelne Elemente im Programm für E-Government auch länger als nur wenige Jahre Bestand.

Für eine *Beurteilung der Machbarkeit* sollte man daher folgende Fragen stellen:

- Welche Systeme, wenn überhaupt, werden im Status quo für einen bestimmten Vorgang, Prozess oder Service eingesetzt? In welchem Zustand befinden sie sich? Sind z. B. Sicherheitssysteme, digitale Signatur, ein System für die Vorgangsbearbeitung oder eine aufwändige Plattform für den Zahlungsverkehr notwendig?

- Welcher Aufwand wäre erforderlich, um veraltete IT-Systeme abzuschalten und die davon unterstützten Dienste in ein übergeordnetes Konzept zu migrieren?

- Wie viele Mitarbeiter auf Behördenebene wären für ein neues System zu schulen? Wie kann Einführungshemmnissen begegnet werden?

- Müssen sich die Systeme schlagartig ablösen, oder gibt es eine zeitweise Koexistenz? Wie lange dauert der – meist lästige und teure – Übergangsbetrieb?

- Können bedeutende Synergiepotenziale aus weiteren Dienstleistungen oder Anwendungen genutzt werden?

- Welche rechtlich bedenklichen oder noch unklar geregelten Bereiche berührt eine eventuelle Systemänderung? Was passiert bei Daten-

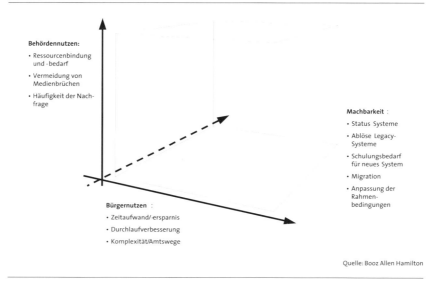

Quelle: Booz Allen Hamilton

Abbildung 15: G2C – E-Government Priorisierungswürfel

verlust oder einem Hackereinbruch? Wie groß wäre der größte anzunehmende Schaden bei einem bestimmten Dienst?

Wurden die Einzelkriterien ausführlich diskutiert und die drei Maßzahlen bewertet, lassen sich in einem dreidimensionalen Priorisierungswürfel für E-Government (Abbildung 15) jene Dienste als vorrangig herausarbeiten, die den höchsten Nutzen für den Bürger versprechen, aus Behördensicht hoch attraktiv sind und deren Risiko bei der Implementierung am geringsten ist. Diese Vorrangigkeit mag der Behörde als erste Richtschnur für die Umsetzung auf der Zeitachse dienen. Im Anschluss kann die operative Realisierung in Angriff genommen werden. Der Priorisierungswürfel ist auch bei anderen Abnehmergruppen aus den Bereichen G2B und G2G anwendbar.

Behördliche Dienstleistungen nach reinem Nutzen zu bewerten, ist problematisch: Die Projekterfahrung zeigt, dass diese – für den öffentlichen Sektor ungewohnte – Sichtweise infolge der gesetzlichen Verpflichtung der Gleichbehandlung aller Bürger auf erheblichen Widerstand stößt. Bislang wird die eigene Aktivität in der Behörde stets mit dem hoheitlichen Auftrag begründet; der Kundennutzen ist relativ unbedeutend.

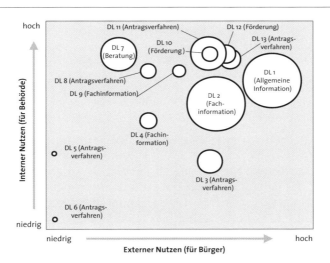

Bemerkung: Fläche repräsentiert Größenabschätzung des Nutzungssegments   Quelle: Booz Allen Hamilton

Abbildung 16: Ausgewählte Nutzenpotenziale von G2C-Dienstleistungen

Dieser Sichtweise auf Behördenseite muss man mit dem Hinweis auf die relative Aussage des Priorisierungsrasters begegnen: Es soll schließlich „nur" der Unterschied im Nutzen von Dienstleistungen dargestellt und ihre Vorrangigkeit herausgearbeitet werden. Auch der Unterschied zwischen dem Nutzen für Bürger und Behörde erscheint hier wichtig. Dass diese beiden Kriterien nicht Hand in Hand gehen müssen, illustriert das G2C-Diensteportfolio einer großen europäischen Regierung (siehe Abbildung 16).

Es ist davon auszugehen, dass die Nutzenperspektive noch einige Zeit zu propagieren ist, bevor sich diese Sichtweise als wesentliche Leitlinie für E-Government durchsetzen wird.

Portale und Relevanz der Lebenslagen

Grundsätzlich, so könnte man meinen, eignet sich das Informationsangebot einer bestimmten Behörde ausgezeichnet für den Aufbau eines vertikalen Fachportals, z. B. für das neu einzurichtende EU-Institut für Verbraucherschutz. Seine Angebote würden sich auf ein klar umgrenztes Gebiet beziehen, etwa Informationen rund um das Thema „Rinderwahnsinn" (BSE). Nach entsprechendem Schlagworteintrag könnte es über die gängigsten Suchmaschinen abrufbar sein. Portale wie www.bund.de sind horizontal strukturierte Gegenbeispiele: Die Fülle der Informationen reicht über die Bundesebene hinaus.

Welcher Weg ist nun der richtige? Welches Konzept wird sich langfristig durchsetzen?

Ein Blick auf die Bürger- oder Kundenbedürfnisse und auf internationale Best-Practice-Beispiele schafft Klarheit. Finnland, häufig in der Verwaltungsmodernisierung als führend eingeschätzt, verfolgt eine Reihe von Aktivitäten, die sich im weitesten Sinn mit E-Government befassen. Eine davon ist „citizen's guide": Dieses so genannte Bürgerhandbuch versammelt Links zu Behörden, anderen Einrichtungen der öffentlichen Hand und zu Kommunen. Es ist ein Gemeinschaftsprojekt von Innen- und Finanzministerium und bewährt sich als wichtiges Hilfsmittel für Unternehmen, Bürger und Institutionen. Nach Einführung der elektronischen Unterschrift – die in den Personalausweis mittels Datenchip integriert ist – können Formulare auf elektronischem Weg an Behörden verschickt werden. Die Themen des Bürgerhandbuchs sind nach dem Lebenslagenprinzip strukturiert; Bereiche sind unter anderem Arbeit und Lebensunterhalt, Ausbildung und Studium oder Familiengründung. Ausländische Bürger finden unter den Rubriken „moving to Finland" und „the status of foreigners in Finland, citizenship" wichtige Informationen zu Einreise und Staatsbürgerschaft.

In Österreich gibt es einen ähnlichen Amtshelfer unter der Domäne www.help.gv.at. Dieser ist ebenfalls nach Lebenslagen aufgebaut und umfasst die erforderlichen Amtswege. Transaktionen, auch in einer einfachen Version, sind derzeit allerdings erst in Vorbereitung.

Die Strukturierung eines Portals nach dem Lebenslagenprinzip ist bürgernah; eine Reihe von Amtsvorgängen ist auf sehr effiziente Weise zu erledigen. Die Attraktivität *aus Sicht der Behörde* darf jedoch hinterfragt werden: Will man tatsächlich einen wirkungsvollen One-Stop-Shop anbieten, dann greifen selbst relativ einfache Vorgänge in verschiedene Systeme und Ebenen der Verwaltungsorganisation ein. Zusätzlich muss die Durchgängigkeit des gesamten Systems garantiert sein: Ein eintreffender Bürgerantrag zu einer bestimmten Lebenslage darf nicht an einer Verwaltungsstelle „hängen bleiben" und so die gesamte Bearbeitung blockieren. Diese Durchgängigkeit, für die der Bürger z. B. durch verschiedene Behördengänge sonst selbst sorgt, ist für Online-Vorgänge von der Behörde zu gewährleisten. Das macht die technische Umsetzung noch komplexer und schwieriger. Dies gilt sowohl vor dem Hintergrund der verteilten Verantwortlichkeiten bezüglich der Dienstleistungserbringung auf kommunaler, Kreis-, Bezirks-, Landes- und Bundesebene als auch im Lichte zu beachtender Ressortunabhängigkeiten.

Alternativ könnte der Bürger die relevanten Behörden ausfindig machen und über spezielle Suchmaschinen deren Angebote in Anspruch nehmen. Auch wenn die Behörden erst relativ spät in das Informationszeitalter eingestiegen sind, erreicht die Informationsfülle mittlerweile beachtliche Dimensionen. Allgemeine, an sich sehr leistungsfähige Suchmaschinen erscheinen hier weniger geeignet, weil sie die gesamte – gewaltige – Informationsvielfalt im Internet abdecken müssen und kaum mit dem Indizieren neuer Seiten nachkommen. Wünschenswert wäre deshalb eine zentral verwaltete Suchmaschine für E-Government, die ausschließlich das Angebot der öffentlichen Hand listet. Zwei bis drei einfache Schlagworte könnten den Weg zur gewünschten Seite weisen oder zweifelsfrei darauf hinweisen, dass die betreffende Kommune einen gewünschten Service noch nicht anbietet. Struktur und Eingabe der Schlagworte wären folgendermaßen denkbar: „Wohnort: *Paderborn"*, „Rubrik: *Persönliche Dokumente"*, „Dienstleistung: *Antrag auf Ausstellung eines Reisepasses"*.

Das Portal www.bund.de der deutschen Bundesregierung beispielsweise soll sich – im Rahmen des E-Government-Programms „BundOnline 2005" – von einer Suchmaschine mittelfristig zu einem ausgeprägten Dienstleistungsportal entwickeln. Künftig sind außer den Hauptkriterien „Suchen und Finden" auch „Service" und „Orientierung" geplant, z. B. mittels eines elektronischen Geschäftsverteilungsplan. Man will Dienstleistungen über Nachfragesituationen erschließen und das Portal als Zugriffsplattform für alle Online-Services der Bundesverwaltung positionieren. Eine gewisse Unsicherheit besteht jedoch noch darin, wie es in die noch nicht sehr weit fortgeschrittene Einrichtung eines Meta-Portals www.deutschland.de einzuordnen ist. Hier stellt sich vor allem die Frage nach dem zusätzlichen Nutzen einer solchen Konstruktion. Ist tatsächlich zu erwarten, dass der Internet-Nutzer jegliche Verwaltungsdienstleistung – sei es auf der Ebene von Bund, Land oder Kommune – über ein zentrales Portal erschlossen sehen will? Außerdem ist zu erwarten, dass sich nicht alle regionalen, teilweise schon weit fortgeschrittenen Portale, sofort dieser Meta-Ebene unterordnen. Das lässt sich derzeit in der Schweiz beobachten: Mit www.ch.ch ist auf Bundesebene ein äußerst einfach und übersichtlich gestalteter „Guichet Virtuel" geplant. Dieser „virtuelle Schalter" soll einen besonders unkomplizierten Amtsbesuch via Internet ermöglichen. Die übergeordnete Planung kann aber kaum vermeiden, dass einzelne Städte wie Basel ihren eigenen Schalterdienst im Netz einrichten und lediglich einen Link, jedoch keine Unterordnung anstreben.

Booz Allen Hamilton ist überzeugt, dass sich leistungsfähige Systeme zur wirkungsvollen Umsetzung aller komplexen Zusammenhänge des Lebenslagenprinzips im E-Government erst mittelfristig durchsetzen. Parallel können sowohl Fachportale zu bestimmten Themenfeldern als auch spezifische Suchmaschinen Bestand haben.

Vermarktung von G2C: Maximierung der Inanspruchnahme

Für die Internet-Seite eines Unternehmens, auch wenn es sich um eine sehr reichhaltige und interessant gestaltete Präsenz mit attraktiven Konsumgütern handelt, gilt die Faustregel: Angebote oder Dienstleistungen, die nicht innerhalb von zwei, maximal drei Mausklicks gefunden werden, werden nicht akzeptiert. Der Besucher verliert danach meistens die Lust oder glaubt nicht mehr daran, die erhoffte Information oder das gewünschte Angebot zu finden. Das gilt genauso im E-Government. Ein frustrierter Surfer ist auch hier ein verlorener Kunde. Zwar ist kein unmittelbarer Geschäfts- und Umsatzverlust zu befürchten; dennoch sollte sich die öffentliche Hand aus eigenem Interesse und auf Grund der Langfristigkeit ihres Portfolios von Anbeginn an attraktiv, klar strukturiert und logisch aufgebaut präsentieren. Kern aller Anstrengungen für E-Government ist ja, die Bürger nicht nur einmal im Netz zu begrüßen. Ziel ist es,

- zu demonstrieren, dass die versprochenen Anforderungen möglichst vollständig, professionell und nachvollziehbar abgedeckt werden,

- die Bürger zu motivieren, die Seite erneut zu besuchen – speziell, weil im Zeitablauf auch neue Dienstleistungen, wie z. B. im Bereich der Partizipation, aufgenommen werden, und

- die Bürger zu motivieren, das Angebot weiterzuempfehlen.

Erst wenn alle drei Bedingungen erfüllt sind, können Behörden oder Stadtverwaltungen davon ausgehen, dass immer mehr Bürger die Online-Dienste in Anspruch nehmen. Erst dann sind Ersparnisse durch Restrukturierung, Beschleunigung und Vereinfachung der Prozesse oder Web-Schnittstellen realistisch. Die „Digitale Spaltung" zu vermeiden, hat nicht nur eine gesellschaftliche und politische, sondern auch eine kommerzielle Dimension: Ein Bürger, der in drei bis fünf Jahren nicht über das Internet bedient wird, ist traditionell zu betreuen und verursacht durch bereitzuhaltende Parallelstrukturen höhere Kosten. Die Fraunhofer-Gesellschaft rechnet, dass die herkömmliche Bearbeitung von Geschäftsvorfällen in Papierform durchschnittlich sieben Euro kostet, während sie auf elektronischem Weg unter 20 Cent betragen würde. Hinter den Kostensenkungen stehen primär erhebliche Zeitersparnisse und Prozessvereinfachungen.

Dabei wird vorausgesetzt, dass eine ausreichend große Anzahl von Bürgern die elektronischen Leistungen überhaupt nutzt. Die Ersparnisse sind außerdem nur dann zu erzielen, wenn ein leistungsfähiges und skalierbares System für CitRM (Citizen Relationship Management) bereits installiert und mit Echtdaten gefüttert wurde. Ebenso müssen rechtliche oder organisatorische Fragen – zur Zulässigkeit elektronischer Anträge oder behördeninternen Struktur – ebenfalls geklärt sein.

Die deutsche Bundesregierung berichtet, dass im Zusammenhang mit der Verwaltung und Rückzahlung von Darlehen nach dem Bundesausbildungsförderungsgesetz (BAföG) jährlich 4,5 Millionen Euro gespart werden, was zu einer Amortisationszeit der Anfangsinvestitionen (Fachanwendung) von drei Jahren führt. Somit ist der Nachweis erbracht, dass sich mit Bedacht ausgewählte und umgesetzte Dienste für die Beziehung G2C rechnen können.

Man muss jedoch darauf hinweisen, dass ein Bürger einige Zeit am Bildschirm verbringen dürfte, um Vorgänge zu bearbeiten, die bislang von der Behörde erledigt wurden. Wichtig ist, dass er z. B. für die Konsistenzprüfung von Adressen, phonetischen Schreibweisen oder Mehrdeutigkeiten entsprechende Funktionalitäten vorfindet. Der Bürger soll schnell und ohne Frustrationen mit einer Formularmaske klarkommen. Datenbankhersteller und Systemspezialisten arbeiten seit Jahren an brauchbaren, leistungsfähigen Konzepten, jedoch derzeit primär für kommerzielle Anwendungen.

Die Unterhaltungskomponente sollte natürlich nicht zu kurz kommen. Ein eigens entwickelter Avatar beispielsweise könnte nicht nur die Verweildauer auf den Internet-Seiten und damit das Frustrationsniveau erhöhen, sondern weitere Ersparnisse realisieren. Avatar ist die Bezeichnung für eine fiktive Identität, die ein Teilnehmer innerhalb virtueller Welten annehmen kann. Avatare sind synthetische, grafische Repräsentationen eines natürlichen Wesens, also z. B. eine Art animierte („lebendige") Comic-Figur. Diese sinnvoll programmierten Roboter könnten an Ort und Stelle Routinefragen beantworten, die ansonsten beim E-Mail-Service oder Call Center aufliefen. Diese Tools sind aber sparsam einzusetzen, um den negativen Eindruck einer humoristischen Behördenpräsenz zu vermeiden.

Handlungsempfehlungen

Aus heutiger Sicht lassen sich für G2C fünf Thesen formulieren. Sie werden die Entwicklung dieses Bereiches begleiten:

1. *One-Stop-Shopping ist ein technisch und inhaltlich anzustrebendes Ziel.* Bürger wollen, ähnlich wie bei Banken und im E-Commerce, alle erforderlichen Informationen und Transaktionen für eine bestimmte Lebenslage möglichst effizient und ohne Suchaufwand erfassen. Langfristig ist das nur durch die Adaption des One-Stop-Shopping-Prinzips realisierbar. Parallel bleiben spezielle Inhalte und Fachportale zu ausgewählten Themen im Angebot, wenn sie ausreichend Nachfrage finden und attraktiv strukturiert sind.

2. *Die anfänglichen Investitionen in G2C sind beträchtlich.* Substanzielle Ersparnisse sind für die Verwaltung mittel- bis langfristig nur dann möglich, wenn zunächst zumindest ein gleich hoher Aufwand bei der Gestaltung und Redaktion betrieben wird wie von kommerziellen Anbietern. Die Bundesregierung in Deutschland rechnet mit einem Aufwand von 1,65 Mrd. Euro für einen Zeitraum von vier Jahren im Rahmen der Initiative BundOnline 2005. Geht man davon aus, dass ein Drittel der mehr als 350 geplanten Dienstleistungen und damit ein Drittel des Finanzbedarfs sich ausschließlich oder primär an Bürger richten, dann werden pro Bürger immerhin 6 bis 7 Euro investiert, um allein die Dienstleistungen auf Bundesebene online bereitzustellen. Das ist viel Geld. Hinzu kommen noch nicht abschätzbare Beträge auf Ebene der Landesregierungen und der Kommunen.

3. *Bürger müssen mit High-Tech-Lösungen und moderner Informationstechnologie erstklassig bedient und begleitet werden.* Beispiele sind Web Enabled Customer/Citizen Care-Schnittstellen und Behörden-Avatare.

4. *Die realisierbaren Einsparungen im G2C sind mittelfristig attraktiv* und müssen trotz der Gefahr einer digitalen Benachteiligung von Offlinern genutzt werden. Die Durchdringungsrate mit Computern und Internet-Anschlüssen ist in Europa zumeist ausreichend und darf deshalb nicht als Ausrede für einen zu laxen Einstieg ins E-Government herhalten. Fokus muss dabei nicht nur auf reinen Informationsdienstleistungen, sondern vor allem auch auf transaktionsorientierten Dienstleistungen liegen, wie sie z. B. im Rahmen von Antragsverfahren und Förderverfahren anzutreffen sind.

5. *Der Status quo in Behörden, vor allem bei IT-Systemen, der Kundennutzen und die Attraktivität der Dienste aus Behördensicht sind beim Einstieg in G2C abzuwägen* (z. B. mit Hilfe des E-Government-Priorisierungswürfels). Nicht für jede Behörde ist der sofortige Einstieg in Transaktionen ratsam. Die Bandbreite von Diensten und Inhalten darf zu Beginn gering, die Qualität jedoch zu keinem Zeitpunkt mangelhaft sein.

Abschließend folgen drei Beispiele für unterschiedliche Ausgangssituationen mit Empfehlungen, wie die öffentliche Hand damit umgehen kann:

Situation A „Nachzügler": Bislang wurden keine nennenswerten Aktivitäten im E-Government entfaltet; die ersten Gehversuche beschränken sich im Wesentlichen auf das einmalige und gelegentliche Aktualisieren einer Webpräsenz.

Empfehlung: Erforderlich ist es zunächst, die Vorrangigkeit von Dienstleistungen herauszuarbeiten und eine Vision oder Dachstrategie für E-Government zu entwickeln. Daran sollte sich ein mehrere Jahre umfassender Implementierungsplan mit klaren Handlungsschritten für umzusetzende Anwendungen anschließen. Geeignete quantitative und qualitative Indikatoren bewerten das Einhalten der Ziele. Parallel dazu müssen entsprechende Budgets geplant werden. Und schließlich – gleichermaßen schwierig wie wichtig – ist die Verantwortung für die Umsetzung auf einen „Champion" oder eine Gruppe innerhalb der Behörde zu übertragen und damit E-Government zu institutionalisieren. Als Anreiz lässt sich diese Rolle mit der Perspektive verbinden, „Chief Information Officer" einer Stadt oder Region zu werden.

Situation B „Applikations-Patchwork": Einige Dienste wurden spontan auch mit größerem Aufwand entwickelt. Als Teil der Servicepalette im E-Government lässt ihre Nutzung aber zu wünschen übrig; auch durch Werbemaßnahmen ist sie nicht wesentlich zu steigern. Mehr Effizienz ist für die Behörde noch nicht spürbar.

Empfehlung: Bisherige Tätigkeiten müssen in ein Gesamtkonzept eingebracht und über die Dachstrategie verknüpft und weiter vorangetrieben werden, indem man z. B. systemisch ein Datenmodell und eine erweiterbare Struktur vorbereitet. Anschließend ist ein Stufenplan für die Umsetzung zu entwickeln. Keine schnellen Erfolge auf Kosten der großen Linie durchsetzen! Das aktuelle Portal muss rigoros „geliftet" und optimiert werden, beispielsweise durch eine Neustrukturierung nach dem Lebenslagenprinzip. Sehr ambitionierte und thematisch anspruchsvolle Themen, etwa aus dem Bereich E-Demokratie, sollten eher zurückgestellt werden. Keine gewagten Versprechungen machen!

Situation C „Pionier": Im Rahmen von E-Government werden bereits mehr als die Hälfte aller internetfähigen Dienste angeboten. Sie werden von mindestens einem Drittel der Bürger genutzt. Ersparnisse sind nicht nur messbar, sondern bedeutend und gestatten eine Neuverteilung der Ressourcen im großen Stil.

Empfehlung: Um den Vorteil im Wettstreit der Städte und Regionen zu behalten und eventuell auszubauen, empfiehlt sich ein kontinuierliches Monitoring nach Best-Practice-Beispielen in bestimmten Teilbereichen. Die Entwicklung von „E-Government der zweiten Generation" kann vorangetrieben und eventuell eine erste Phase für E-Demokratie angedacht werden. Sie könnte sich zunächst auf eine stärkere Einbindung der Bürger in den politischen Willensbildungsprozess konzentrieren. Punktuelle Problembereiche sollten bereinigt werden, z. B. durch den letzten Lückenschluss bei der Digitalen Spaltung. Gleichzeitig könnten Leistungsfähigkeit und Serviceniveau des bestehenden Angebots laufend durch – selbstverständlich elektronische – Bürgerbefragungen überprüft und bei Bedarf angepasst werden.

In den Kapiteln 10 und 11 werden die hier prägnant dargestellten Handlungsempfehlungen in einem breiteren Rahmen behandelt.

6 G2B: Der Staat als effizienter Partner

Darstellung von Government to Business

Das enorme Potenzial elektronischer Interaktion zwischen öffentlichen Stellen und Unternehmen ist erkannt worden. Hier liegt eine mögliche Win-Win-Situation sowohl für den Staat als auch für Unternehmen vor. Dem vielfältigen Nutzen stehen jedoch zahlreiche Hindernisse für eine erfolgreiche Umsetzung gegenüber. Schwerpunkt dieses Kapitels sind die Besonderheiten in der Interaktion zwischen Staat und Unternehmen und die damit verbundenen Auswirkungen auf die Realisierung elektronischer Anwendungen.

Dass G2B ein viel versprechender Anwendungsbereich für E-Government ist, ist offensichtlich:

- Unternehmen sind zum Großteil elektronisch ausreichend ausgerüstet.

- Interaktionen zwischen Unternehmen und öffentlichen Stellen sind zahlreich; das führt auf beiden Seiten zu einer hohen Sensibilisierung für elektronische Lösungen.

- Effizienz- und Kostendruck sorgen bei Unternehmen für großes Interesse, das hohe Potenzial elektronischer Lösungen zu nutzen.

Das Spektrum möglicher Anwendungen und Aktionen ist dabei breit. Es ist daher sinnvoll, eine Einteilung nach der Art der genutzten Dienste zu treffen:

- *Information:* elektronisch gestützte Versorgung mit Inhalten seitens öffentlicher Hand, vor allem via Internet.

- *Kommunikation:* elektronische Aufbereitung sowie beidseitiger elektronischer Austausch von Informationen, in seiner einfachsten Form per E-Mail.

- *Elektronische Antragstellung:* Einbringen und Verarbeiten von Anträgen (z. B. elektronisch übermittelte Anmeldeformulare für die Sozialversicherung von Mitarbeitern, Gewerbeanmeldung mit Eintrag ins Handelsregister).

- *Elektronischer Zahlungsverkehr:* Bearbeiten und Durchführen von Finanztransaktionen für Steuern, Abgaben oder Gebühren (z. B.: Steuervorauszahlungen, Zahlung via Homebanking, anschließende elektronische Bearbeitung und Bescheiderteilung).

- *E-Procurement:* elektronisches Beschaffungswesen und Ausschreibungen.

- *Elektronisches Wahlverfahren:* Stimmabgabe im Bereich G2B, z. B. bei Kammerwahlen.

Ein großer Teil der G2B-Anwendungen überschneidet sich mit G2C, wie z. B. die elektronische Antragstellung für die Kfz-Zulassung oder die Gebührenabrechnung für Wasserversorgung oder Müllabfuhr. Ausgewählte öffentliche Angebote sind jedoch nur für Unternehmen interessant: die Bearbeitung von Körperschafts- und Lohnsteuer oder das Führen des Handelsregisters. Im Folgenden liegt der Fokus auf spezifischen G2B-Anwendungen.

Anwendungsspektrum

Ähnlich wie bei G2C umfasst G2B ein weites Spektrum von Lösungen, angefangen von einfachen Informationsdienstleistungen bis hin zu komplexen, tief greifenden Anwendungen. Entsprechend unterschiedlich sind auch das Ersparnispotenzial und die Auswirkung auf Unternehmen.

Information: Für Unternehmen lässt sich ein beträchtlicher Nutzen mit Informationsdienstleistungen, die mit relativ einfachem und vertretbarem Aufwand implementiert werden können, ziehen. Stichworte sind individualisierte Informationsangebote und Standortattraktivität: Durch beispielsweise ein erstklassiges Angebot bezüglich spezifischer

Unternehmensförderungen oder Informationen für Jungunternehmer lassen sich Kapital und Talente anziehen.

Als sehr umfassendes Beispiel kann die Internet-Seite der Stadt Wien genannt werden. Neben dem breiten Angebot für Bürger dient die Seite auch als Informations- und Navigationsplattform für Unternehmen. Diese können sich dabei z. B. über das aktuelle Ausschreibungsangebot, über rechtliche Anforderungen für die unterschiedlichsten Genehmigungen und Bewilligungen sowie über die laufenden Förderprogramme informieren. Zudem dient die Seite als Startseite für alle weiterführenden E-Government-Dienste für die Wirtschaft (Business Services). Das nachstehende Beispiel zeigt die Informationsseite zur Gewerbeberechtigung aus dem beschriebenen Informationsangebot der Internet-Seite der Stadt Wien (Abbildung 17).

Trotz der relativ geringen Komplexität sollte der Nutzen dieser Informationsanwendungen nicht unterschätzt werden, weil

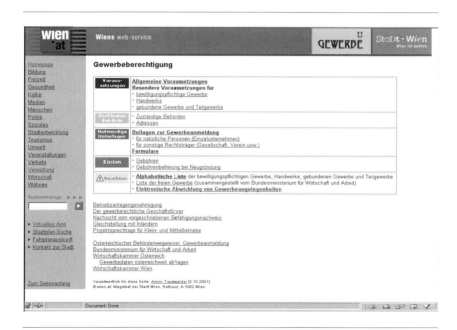

Abbildung 17: G2B-Informationsangebot Stadt Wien (www.wien.at)

- sie erstens den persönlichen Beratungs- und Informationsbedarf reduzieren, was eine erhebliche Arbeitsentlastung mit sich bringt;

- sie zweitens helfen, die elektronische Zusammenarbeit zwischen Staat und Wirtschaft zu verbessern;

- sie drittens der öffentlichen Verwaltung die Tür zu weiteren Anwendungsmöglichkeiten öffnen; sie verleihen also den notwendigen Schwung, um weitergehende Lösungen umzusetzen.

Kommunikation: Im einfachen Fall handelt es sich um Anfragen von Unternehmen, die in elektronischer Form (z. B. E-Mail) gestellt und sodann von der öffentlichen Stelle beantwortet werden. Beispielsweise kann ein mittelständisches Unternehmen auf diese Art rasch wichtige Informationen über ein mögliches Exportland vom Außenministerium oder von den Handelskammern in Erfahrung bringen. Oder das Justizministerium kann bei rechtlichen Fragestellungen mit elektronischen Gesetzestexten und Rechtsauskünften behilflich sein. Elektronische Medien dienen den statistischen Ämtern zur Sammlung von spezifischen Informationen verschiedener Unternehmen in zentralen Datenbanken, zur statistischen Aufbereitung und zur Weitergabe der Ergebnisse an die jeweiligen Empfänger.

Als Beispiel für eine derartige elektronische Interaktion kann das elektronische Datenübertragungsverfahren FINANZOnline des österreichischen Finanzministeriums angeführt werden. Dieses Projekt ist in seiner ersten Phase auf die geschlossene Benutzergruppe von ausgewählten Berufsgruppen (z. B. Wirtschaftstreuhänder) begrenzt und ermöglicht die Online-Abfrage, die Online-Änderung und Übermittlung von Daten zur Finanzverwaltung. Eine Ausweitung auf weitere Benutzergruppen und auf umfassendere Transaktionsanwendungen ist in Planung. In Deutschland ist man mit den beiden Modellverfahren „w3stat" und „Statistik-Shop" im Rahmen der Initiative BundOnline 2005 bereits einen Schritt weiter: So werden die Intrahandelsstatistik elektronisch mit mehr als sieben Millionen Datensätzen einmal pro Monat abgewickelt und auch ausgewählte Publikationen über das Netz an 13.000 registrierte Kunden vertrieben.

Unter Interaktion können auch umfassende Kundenmanagementsysteme fallen, mit deren Hilfe sich eine Art „one-stop help desk" für Unternehmen realisieren lässt. Dies verwirklicht sozusagen das Lebenslagenprinzip im Bereich Government to Business (d.h. Geschäftsepisoden). „Lebenslagen" für Bürger und „Geschäftsepisoden" für Unternehmen sind jedoch unterschiedlich ausgestaltet – es gibt kaum Berührungspunkte oder Überschneidungen, wie Abbildung 18 verdeutlicht. Ein Unternehmen hat dabei eine elektronische Interaktionsstelle, über die es all seine Berührungspunkte mit den beteiligten öffentlichen Stellen steuern kann. So könnte z. B. ein Interface für alle steuerlichen und rechtlichen Aktivitäten geschaffen werden, das die Anfragen der Unternehmen aufbereitet und zur Bearbeitung an die jeweiligen Behörden weiterleitet. Das Unternehmen würde dabei nicht direkt mit diesen Behörden in Berührung kommen.

Solche Anwendungen sind in ihrer Ausgestaltung viel weiter reichend als eine Internet-Seite zur reinen Informationsversorgung. Die technischen Herausforderungen sind daher größer:

- notwendige IT-Infrastruktur,
- notwendige Anpassung der internen Abläufe und Strukturen,
- Lösung der unsicheren Rechtslage (z. B. elektronische Signatur).

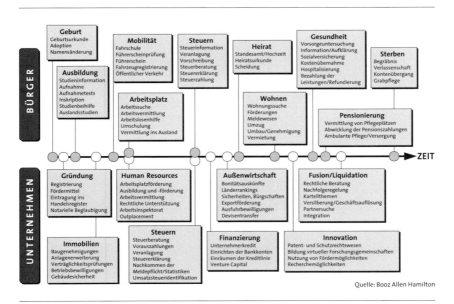

Abbildung 18: Lebenslagen versus Geschäftsepisoden (Beispiele)

Trotz dieser Hindernisse birgt die elektronische Kommunikation ein großes Effizienz- und Leistungssteigerungspotenzial in sich. Sie stellt außerdem einen wichtigen Übergangsschritt von einer einseitigen Information hin zu einer vollkommenen Integration von elektronischem Datenverkehr in die Prozesse der öffentlichen Verwaltung dar.

Transaktion: Im Gegensatz zur Kommunikation kann hier eine Amtshandlung nicht nur elektronisch beantragt, sondern auch abschließend durchgeführt werden. Bei diesen Vorgängen kann es sich z. B. um Antragsverfahren mit oder ohne Finanztransaktion oder um Dienstleistungen im Rahmen der öffentlichen Beschaffung handeln.

Beispiele für *elektronische Antragsverfahren* sind die elektronische Gewerbeanmeldung mit gleichzeitiger Eintragung ins Handelsregister, die Meldung eines neuen Mitarbeiters oder die Anmeldung bei der Sozialversicherung. Idealerweise werden die Vorgänge durch einen einmaligen Eingabevorgang des Unternehmens gebündelt abgewickelt. Noch weiter reichend ist die elektronische Abwicklung einer Baugenehmigung oder einer Umweltverträglichkeitsprüfung, weil eine Vielzahl von Beteiligten und Teilschritten involviert ist.

Auch für die Abwicklung von Finanztransaktionen sind zahlreiche Antragsverfahren nötig, wodurch der technische Anspruch weiter wächst. Ähnlich wie bei E-Commerce, wo die Abwicklung des Geldflusses zu einer der größten Hürden bei der Entwicklung geworden ist, muss auch bei elektronischen Dienstleistungen der öffentlichen Einrichtungen gewährleistet sein, dass Geld nachvollziehbar, sicher und kostengünstig transferiert wird. Beispiele sind: Unternehmensförderung mit anschließender Überweisung des genehmigten Betrages, Körperschaftssteuer inklusive Bearbeitung und eventueller Überweisung einer Rückzahlung sowie der elektronische Gebührenbescheid der städtischen Versorgungsunternehmen.

Besonders wichtige, weil enorme Einsparungspotenziale versprechende Anwendungsmöglichkeiten liegen in den Bereichen *E-Procurement und E-Sourcing,* die das elektronische Einholen von Lieferantenangeboten und die systematische Auswahl des besten Bieters umfassen oder vereinfachen.

Aus der Fülle möglicher Anwendungen für G2B – ähnlich wie bei G2C – ergeben sich einige kritische Fragen für die Auswahl:

- Welche Anwendungen sind vorrangig zu realisieren?
- Welche Anwendungen bringen den größten Nutzen für die öffentliche Hand, aber auch für Unternehmen?
- Welche Anwendungen sind am einfachsten und kostengünstigsten umzusetzen?

Dazu lässt sich der im Bereich G2C verwendete Priorisierungswürfel aus den drei Maßzahlen für Behördennutzen, Nutzen für Unternehmen und Machbarkeit heranziehen (vgl. Kapitel 5). Der Behördennutzen ergibt sich primär aus der Häufigkeit einer Interaktion und dem Einsparen von Ressourcen. Unternehmen profitieren von weniger Zeitaufwand und Komplexität sowie verbesserten Durchläufen. Die Machbarkeit wird vom Migrationsaufwand, dem Schulungsbedarf und dem Reorganisationsaufwand bestimmt.

Herausforderungen bei der Umsetzung

Bei der Umsetzung von G2B gilt es, erhebliche Herausforderungen zu meistern: Die grundsätzliche Bereitschaft, Dienstleistungen elektronisch in Anspruch zu nehmen, muss angesichts einer sehr unterschiedlichen technischen Ausstattung relativiert werden. Auch in entwickelten Ländern mögen zwar eine Vielzahl der kleinen und mittleren Unternehmen bereits über PC und Internet-Anschluss verfügen, die notwendigen IT-Personen und -Kompetenzen zur medienbruchfreien Integration der EDV-Anwendungen haben sie zumeist jedoch nicht. Hier ist der öffentliche Bereich besonders gefordert, attraktive G2B-Lösungen zu verwirklichen, die sofort und ohne erheblichen Aufwand auf Seiten der Unternehmen Nutzen stiften.

Alternativ wäre auch für den Staat denkbar, ausgewählte Interaktionsfelder mit der Wirtschaft elektronisch auszugestalten und damit die Unternehmen quasi zu zwingen, die erforderlichen Voraussetzungen auf ihrer Seite für E-Government zu schaffen. Diese Vorgehensweise erscheint deshalb berechtigt, weil insgesamt die Wettbewerbsfähigkeit der Unternehmen deutlich gesteigert wird – im globalen, vernetzten Wirtschaftsleben des 21. Jahrhunderts ein absolutes Muss! Das fördert somit nicht nur E-Government, sondern die Netzwerkfähigkeit der

Unternehmen und damit das Prosperieren der Volkswirtschaft insgesamt. Ein nahezu in allen E-Government-Programmen bearbeitetes Themenfeld, das sich für die Steigerung der „networkability" der Wirtschaft eignet, ist der Bereich der öffentlichen Beschaffung, auf den in der Folge detailliert eingegangen wird.

Erfolgreiches Anwendungsfeld E-Procurement

Definition und Abgrenzung von E-Procurement und E-Sourcing: E-Procurement, das elektronisch gestützte Beschaffungswesen, gehört zurzeit zu den wichtigsten Anwendungsfeldern für G2B. Zwei Anwendungsgebiete sind zu unterscheiden:

- *Sourcing* – die Strategie der Beschaffung; Beispiele: Gestaltung von Rahmenverträgen, Management der Lieferantenbeziehungen,

- *Procurement* – der operative, tatsächliche Einkaufsvorgang.

In beiden Bereichen gibt es Raum für elektronische Lösungen: Im E-Sourcing sind dies im Wesentlichen internetbasierte Ausschreibungen, elektronische Marktplätze und Unterstützung für das Wissensmanagement; im E-Procurement sind es vor allem elektronische Kataloge und ein automatisiertes Workflow-Management.

Ausgangssituation und rechtlicher Rahmen der öffentlichen Beschaffung: Bei einer Staatsquote von knapp 50 Prozent, einem Anteil von 30 Prozent Sachaufwendungen und Dienstleistungen, die der Staat einkauft, entfallen 15 Prozent des gesamten Bruttoinlandsproduktes (BIP) auf die öffentliche Beschaffung – ein enormes Potenzial für den elektronischen Einkauf.

Während die Privatwirtschaft dem Beschaffungswesen traditionell einen hohen Stellenwert einräumt und elektronische Anwendungen bereits stark forciert, wurde E-Procurement im öffentlichen Sektor bislang eher geringe Bedeutung beigemessen. Seit einiger Zeit ändert sich dies jedoch. Zahlreiche Initiativen und Pilotprojekte wurden ins Leben gerufen. Einige Staaten, wie z. B. die USA, sind bereits sehr weit fortgeschritten. Auch in Deutschland wird mit dem Modellprojekt „Öffentlicher Eink@uf online", ein Teil der Bundesinitiative „BundOnline 2005", das Thema systematisch bearbeitet, wobei das Pilotprojekt sehr weit gediehen ist: Unmittelbar nach der CeBIT 2002 soll der erste voll elektronische Beschaffungsvorgang abgewickelt werden. Auch auf regionaler und kommunaler Ebene werden erste Projekte umgesetzt. Beispielhaft ist der „Virtuelle Marktplatz Bayern" mit dem Ziel, E-Procurement für die bayrischen Landesministerien zu implementieren. Oder die Landesinitiative „Media Nordrhein-Westfalen": Auch in diesem Bundesland sollen signifikante Teile der Beschaffung und der öffentlichen Ausschreibungen über das Internet abgewickelt werden. Selbst Städte verfolgen eigene Lösungsansätze, wie z. B. die Stadt Düsseldorf.

Die zahlreichen Einzelinitiativen und Pilotprojekte machen die Besonderheiten im öffentlichen Sektor immer deutlicher sichtbar: Einerseits bewegt er sich in einem engen rechtlichen Rahmen und erfordert somit einen gewissen Formalismus. Andererseits ist die öffentliche Hand im Gegensatz zu einem Unternehmen von mehrdimensionalen politischen Zielsetzungen geprägt – neben der Kostenoptimierung sind das soziale Verantwortung, Strukturpolitik oder Standortförderung. Die öffentliche Verwaltung benötigt somit sehr spezifische elektronische Lösungen für den Einkauf.

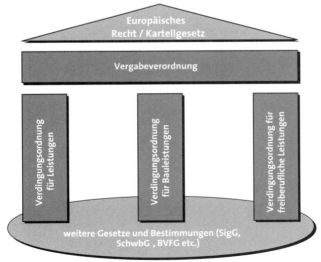

Quelle: Booz Allen Hamilton

Abbildung 19: Rechtliche Architektur

Die komplexe rechtliche Struktur ist dabei eine besondere Hürde für derartige spezifische Lösungen. Auf mehreren Ebenen der Gesetzgebung finden sich Bestimmungen für die elektronische Beschaffung (Abbildung 19). Die höchste Ebene wird durch das europäische Recht mit Richtlinien zur öffentlichen Beschaffung und durch kartellgesetzliche Regelungen gestaltet. Auf nationaler Ebene folgt die Vergabeverordnung, die im Wesentlichen die Umsetzung des europäischen Rechts in nationales Recht darstellt und ergänzt. Sie ist das Bindeglied zwischen dem europäischen Kartellgesetz und der dritten Ebene, den Verdingungsordnungen. Hiervon gibt es drei unterschiedliche Leistungsarten: allgemeine Leistungen, Bauleistungen und freiberufliche Leistungen. Außerdem sind weitere nationale Gesetze und Bestimmungen, z. B. zur digitalen Signatur, zu berücksichtigen. Auch sie beeinflussen den rechtlichen Rahmen für elektronische Einkaufslösungen.

Auf der Basis dieser Rechtsvorschriften lassen sich sechs unterschiedliche Typen öffentlicher Beschaffung definieren. Zu unterscheiden sind hierbei die Art des Verfahrens und die anzuwendenden Rechtsvorschriften auf EU- oder nationaler Ebene (Abbildung 20).

Trotz Komplexität und schwieriger Handhabbarkeit hat dieser rechtliche Rahmen auch drei Vorteile: höhere Rechtssicherheit, Transparenz in der Auftragsvergabe und damit Korruptionsvermeidung. Dadurch werden E-Sourcing und E-Procurement gefördert. Denn erst die erhöh-

Anzuwendende Rechtsvorschriften	
Oberhalb der Schwellenwerte – EU-weite Ausschreibung	Unterhalb der Schwellenwerte – nationale Ausschreibung
Verhandlungsverfahren	Freihändige Vergabe
Nichtoffenes Verfahren	Beschränkte Ausschreibung
Öffentliche Ausschreibung	Offenes Verfahren

Quelle: Booz Allen Hamilton

Abbildung 20: Typen der öffentlichen Beschaffung

te Transparenz schafft mehr Vertrauen in elektronische Beschaffungs-
vorgänge bei allen Akteuren, was die breit angelegte Umsetzung unterstützt. So kann E-Procurement im öffentlichen Bereich sogar positiv auf
privatwirtschaftliche Anwendungen ausstrahlen. Wenn auch dort
Transparenz gewährleistet ist, werden viele Interessierte ihre Bedenken
überwinden.

Außerdem ist der rechtliche Rahmen nicht vollkommen starr. Die Notwendigkeit für Reformen und mehr Effizienz in der öffentlichen Verwaltung entfaltet Hebelkräfte für die Vereinfachung von Vorschriften.
In Deutschland, als Beispiel, sind einige wichtige Änderungen bereits
vollzogen. Elektronische Angebotsabgaben sind heute möglich. Weitere
Novellierungen sind in Planung oder stehen noch aus, wie die Anpas-

Wichtigste Anordnungen 2000/2001	Ausstehende/geplante Änderungen (lt. BMWi)

▶ Ermöglichung der Abgabe elektronischer Angebote
  – VgV regelt die Rahmenvorschriften (§ 15)
  – Die Verdingungsordnungen VOB, VOL und VOF regeln die Konsequenzen der Zulässigkeit elektronischer Angebote
 	
▶ Veränderungen im Sektorenbereich[1]
  – Umsetzung von EU-Recht (z.B. Bieterschutz)
  – Anpassung an die fortschreitende Liberalisierung in den Bereichen der Telekommunikation und Energieversorgung
 	
▶ Verstärkte Transparenz/Korruptions-bekämpfung
  – Ausschluss „befangener" Personen auf Seiten des Auftraggebers vom Vergabeverfahren
  – Verpflichtung des Auftraggebers, nicht erfolgreichen Bieter über Zuschlag zu unterrichten
  – Pflicht zur Verwendung der Nomenklatur des Common Procurement Vocabulary (CPV) im Rahmen der Vergabebekanntmachung
	▶ Klarere und verständlichere Vorschriften, z.B. Zusammenfassung von VOL, VOB und VOF zu einer einzigen Richtlinie
	
	▶ „Anpassung der Vergaberegeln an ein sich wandelndes wirtschaftliches Umfeld"
	  – Einführung eines neuen Vergabeverfahrens („wettbewerblicher Dialog") → Schaffen eines größeren Spielraums für Verhandlungen
	  – Bessere Nutzung von Größenvorteilen durch Rahmenübereinkünfte → Ermöglichen einer langfristigeren Beschaffungspolitik
	  – Größere Freiheiten bei Festlegen des Auftragsgegenstandes
	
	▶ „Berücksichtigung der Entwicklungen der Informationstechnik"
	
	▶ Weitere Liberalisierung der Sektorenbereiche

1) Trinkwasser- und Energieversorgung, Verkehr und Telekommunikation	Quelle: Booz Allen Hamilton

Abbildung 21: Rechtlicher Rahmen

sung der Vergaberegeln an das wirtschaftliche Umfeld oder die Steigerung der Transparenz in den Vorschriften (Abbildung 21).

Elektronische Einkaufslösungen im öffentlichen Bereich: Lösungen werden überwiegend von zwei Unternehmensgruppen angeboten: Softwarehersteller entwickeln in erster Linie die umfassenderen E-Sourcing-Lösungen, Plattformbetreiber bieten demgegenüber transaktionsorientierte Lösungen für E-Procurement an (Abbildung 22).

	Softwarehersteller	Plattformbetreiber
Beschreibung	▸ Angebot IT-gestützter Systeme für die öffentliche Beschaffung	▸ Konzentration auf die Durchführung von Auktionen
	▸ Systeme integrieren strategische Lösungen für E-Sourcing zur Gestaltung der Lieferantenbeziehung, Bedarfsbündelung und Prozessoptimierung	▸ Auswahl einzelner, transaktionsbezogener Instrumente
		▸ Meist kleine Lösungen für Nischen
	▸ Vorgegebene Verfahren werden als Prozesse abgebildet	
Beispiele	▸ SAP	▸ Econia.com
	▸ Healy Hudson (angepasste Produkte für deutsches Vergaberecht)	▸ cosines.com (Auktionsplattformen, reverse Auktionen)

Quelle: Booz Allen Hamilton

Abbildung 22: Überblick Anbieter elektronischer Einkaufslösungen

Anwendungen für E-Procurement haben den Vorteil, relativ rasch und ohne große interne Umstrukturierung realisierbar zu sein. Sie führen zudem schnell zu konkreten Einsparungen („quick wins"). Ihr Potenzial beschränkt sich jedoch hauptsächlich auf den tatsächlichen, operativen Einkauf. Umgekehrt verhält es sich bei Lösungen für E-Sourcing: Sie bieten ein höheres Potenzial für Einsparungen und Prozessverbesserungen. Allerdings ist ihre Umsetzung langwieriger und mit höherem Risiko verbunden.

Chancen und Risiken in der Umsetzung: Viele Länder haben bereits seit Jahren Erfahrung mit E-Sourcing und E-Procurement. Diese erste G2B-Welle war von hoher Begeisterung und Motivation der Entscheidungsträger und dadurch teilweise übereiltem Vorgehen gekennzeichnet.

Zahlreiche Initiativen und Projekte führten nicht zum gewünschten Erfolg. Gründe dafür waren auch finanzielle Schwierigkeiten der Anbieter/Dienstleister sowie geringe Umsätze über die elektronischen Lösungen.

Mittlerweile tritt G2B im Bereich der Beschaffung in die zweite Phase ein. Wichtige Erfahrungswerte sind vorhanden, die Projekte werden realistischer eingeschätzt und geplant. Zwei wesentliche Erfolgskriterien kristallisieren sich dabei heraus: die Bereitschaft zur Optimierung der Prozesse und hervorragendes juristisches Know-how. Durch auf die öffentliche Verwaltung zugeschnittene Lösungen für E-Sourcing ist es möglich, einige zentrale qualitative Potenziale auszuschöpfen – für verbesserte interne Abläufe und Einsparungen. E-Sourcing birgt somit strategische Vorteile und Nutzenpotenziale in sich (Abbildung 23).

Das Potenzial von E-Procurement-Anwendungen tritt klarer hervor und ist quantifizierbarer:

- *Kostenreduzierung* in Beschaffungsprozessen durch optimierte und automatisierte Prozesse – von der Anforderung bis zum Rechnungs-

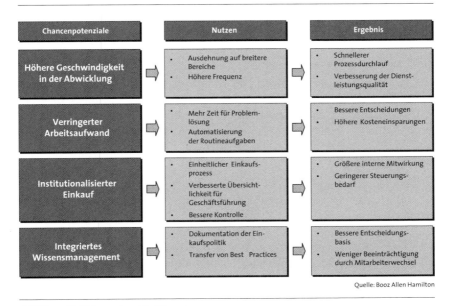

Abbildung 23: Nutzenpotenziale E-Sourcing

ausgleich. Einsparungen von bis zu 80 Prozent der Transaktionskosten sind erreichbar.

- Beitrag zur *Reduzierung der Einkaufskosten* durch automatisiertes Berichtswesen, höhere Volumentransparenz und verbesserte Einkaufsrichtlinien.

- Möglichkeit, eine *effizientere Organisation* mit geringerem Personalbedarf in der Einkaufsabteilung zu schaffen und den Austausch von Best Practices zwischen den Verwaltungsstellen zu fördern.

- E-Procurement ist die Basis für ein *integriertes E-Supply Chain Management* zur Realisierung einer verbesserten Bedarfsplanung.

Elektronische Lösungen für die Beschaffung können Organisationen durch geänderte Prozesse in der Genehmigung (weniger Schritte), Arbeitserleichterung in operativen Tätigkeiten und stärkere Harmonisierung und Konsolidierung der Abteilungen weit reichend verändern. Allerdings stehen dem breiten Ansatz auch noch rechtliche Hindernisse entgegen, wie mangelnde Transparenz des rechtlichen Rahmens, Restriktionen im Vergaberecht und fehlender rechtlicher Zwang durch „Kann-Bestimmungen". Zusätzlich müssen auch technische Herausforderungen, wie die Anbindung neuer Lösungen an bestehende Systeme, die Vielzahl verschiedener Standards und eine überzeugende konkrete Lösung des Themas „digitale Signatur", bewältigt werden.

Lösungen für E-Sourcing und E-Procurement im öffentlichen Bereich müssen auf einem gesamtheitlichen Ansatz aufbauen, d.h. auf einer umfassenden Einkaufsstrategie, entsprechend gestalteten und optimierten Prozessen und organisatorischen Abläufen sowie auf der erforderlichen technologischen Unterstützung. Berücksichtigt ein Konzept alle Faktoren, kann ein beachtliches Potenzial ausgeschöpft werden.

Auch wenn die detaillierte technische Ausstattung nicht immer einfach realisierbar ist: Die grundlegende Infrastruktur ist technisch gelöst und heute bereits in vielen Ländern vorhanden. Zudem ist absehbar, dass elektronische Lösungen eine immer dominantere Rolle in der öffentlichen Beschaffung spielen. Je früher sie verwirklicht werden, desto rascher kommt das erhebliche Einsparpotenzial zum Tragen. Deshalb wird die öffentliche Hand im eigenen Interesse E-Procurement auf breiter Front einsetzen. Die Frage ist also nicht mehr ob, sondern zu welchem Zeitpunkt es dazu kommen wird.

7 G2G: Die Überwindung von Verwaltungsgrenzen

Der Einsatz von IT-Anwendungen und Hardware zwischen und inner-halb von Regierungs- und Verwaltungseinheiten umschreibt den Bereich G2G, die Government-to-Government-Anwendungen im E-Government. Nicht die elektronische Interaktion mit dem Bürger oder dem Unternehmen steht hier im Vordergrund, sondern die Gestaltung und Optimierung staatlichen Handelns, der politischen Steuerung von Verwaltungseinheiten und der Zusammenarbeit zwischen staatlichen Stellen. Untersuchungen laufender E-Government-Projekte zeigen, wie wesentlich es ist, neben Projekten, welche die Interaktion mit Bürgern und der Wirtschaft betreffen, parallel Aktivitäten zur Neuausrichtung des elektronisch unterstützten staatlichen Verwaltungshandelns vor-anzutreiben. Die Gründe und die Motivation sind offenkundig. Eine G2B- oder G2C-Anwendung hat dort ihre Grenzen, wo Daten, die im Rah-men von Transaktionen ausgetauscht werden, innerhalb der Verwal-tungseinheiten nicht mehr elektronisch weitergeleitet, bearbeitet und angereichert werden können. So entstünden relativ rasch nach Anstoß eines standardisierten Verwaltungsprozesses Medienbrüche, die grund-legend den Zielen eines Ausbaus von E-Government entgegenlaufen.

Eine Abgrenzung von G2G zu den gewöhnlichen Aktivitäten und ent-sprechenden Einsatzgebieten moderner Informationstechnologien innerhalb der Verwaltung ist schwierig und fließend, die Ziele sind in vielen Bereichen deckungsgleich (z. B. durchgängige Arbeitsprozesse, Steigerung der allgemeinen Verwaltungseffizienz und entsprechende Kosteneinsparungen). Des Öfteren wird in diesem Kontext eine weitere Unterteilung in „G2G im engeren Sinne" und „Intra-Government" vor-genommen. G2G im engeren Sinne zielt lediglich darauf ab, dass unter-schiedliche Verwaltungsinstitutionen auf eine einheitliche, zentralisierte Datenbasis zurückgreifen und Vorgänge und Abfragen per Internet und Intranet vornehmen. Die Schaffung infrastruktureller und prozessualer Voraussetzungen für den effizienten IT-Einsatz innerhalb einer Behörde wird häufig als Intra-Government-Aktivitäten bezeichnet. Daneben wird auch die Kategorisierung von internetunterstützten Aktivitäten zwischen Behörde und deren Mitarbeitern als „G2E- (Government to Employee) Anwendungen" herangezogen. Diese Kategorisierung soll hier nicht weiter verfolgt werden, da zum einen eine Reihe von Anwendungsgebieten nicht eindeutig in einen Bereich einzuordnen ist und zum anderen die Herausforderungen und Handlungsmaximen im hohen Maße deckungsgleich sind.

Die Etablierung internetbasierter verwaltungsinterner Vorgänge wird vor allem durch fünf Zielsetzungen angetrieben:

1. *Schaffung durchgängiger, prozessorientierter Arbeitsvorgänge:* Im Rahmen der IT-Unterstützung von Verwaltungsvorgängen werden Durchlaufzeiten dadurch reduziert, dass bestimmte Arbeitsschritte automatisiert und gegebenenfalls parallel abgearbeitet werden können. Des Weiteren entfallen durch eine schnelle Weitergabe von elektronischen Verwaltungsakten an geografisch zum Teil entfernt liegende Behörden lange Lauf- und Liegezeiten. Die Verfügbarkeit einer zentral zugreifbaren Datenbasis ermöglicht die Reduzierung von Doppeleingaben. Die Grundvoraussetzung für eine medienbruchfreie Bearbeitung von Vorgängen ist dabei vor allem dadurch gewährleistet, dass Daten aus nichtproprietären EDV-Systemen „unkompliziert" online verfügbar sind.

2. *Steigerung der Effizienz:* Die Automatisierung standardisierter, nach eindeutigen Regeln beschreibbarer Arbeitsschritte ist Grundvoraussetzung für einen kosten- und zeiteffizienten Einsatz von Verwaltungspersonal und entsprechender anderer Ressourcen. Bei einer Reihe von Effizienzansätzen zeichnet sich eine Verlagerung der Wertschöpfung von standardisierten und häufig vorkommenden Arbeitsschritten auf konzeptionelle Aktivitäten (analog der Entwicklungen im Bankensektor Anfang der 90iger Jahre) ab. Effizienzpotenziale zeigen sich unter anderem durch eine Steigerung der Entscheidungsqualität, z. B. bei Antragsprozessen, oder durch die verstärkte Anwendung neuerer Steuerungsmodelle innerhalb der Verwaltung.

3. *Reduzierung von Redundanzen:* Sowohl die wiederholte Abarbeitung von ähnlichen Verwaltungsprozessen in einzubindenden Fachreferaten, wie dies z. B. im Rahmen des kommunalen Baugenehmigungsprozesses der Fall ist, als auch die damit verbundene Doppelerfassung von Datenmaterial und die dadurch entstehende Datenpflege können reduziert werden. Des Weiteren lassen sich auch Entwicklungsaufwände im Rahmen der zur Verfügungstellung von IT-Verfahren vermindern. Bei genauer Analyse – etwa von Antragsverfahren – ist der Aufwand bei der Entwicklung standardisierter, auf Internet-Technologie basierender Module um ein Vielfaches geringer als derjenige bei der Entwicklung proprietärer Funktionalitäten in vielen Einzelbehörden. Diese Module können mit geringem Anpassungsaufwand in einer Vielzahl von Genehmigungsprozessen verwandt werden.

4. *Schaffung von Transparenz:* Um das Transparenzbedürfnis von Bürgern, Wirtschaft und anderer Institutionen befriedigen, aber auch um eine verbesserte Führung einer Behörde gewährleisten zu können (welcher Sachbearbeiter arbeitet seit wann am Fall X mit welchem Aufwand?), ist die elektronische Abbildung aller laufenden Aktivitäten zumindest in Grundzügen erforderlich. Eine online verfügbare Statusauskunft über laufende Verfahren ist jedoch nur umsetzbar, wenn alle an einem Verwaltungsakt beteiligten Stellen informationstechnisch eingebunden sind.

5. *Steigerung der Flexibilität:* Erhöhter Wettbewerbsdruck auf Städte und Regionen zwingt auch den öffentlichen Bereich, schneller und flexibler zu handeln. Kostendruck und Budgetrestriktionen zwingen Verwaltungen stärker denn je, sich entsprechenden Rahmenparametern durch organisatorische Maßnahmen und Umdefinition von Kompetenzfeldern anzupassen. Durch einen stärkeren Rückgriff auf elektronisch und durch das Internet unterstützte Arbeitsschritte kann die Anpassungsgeschwindigkeit und Zielgerichtetheit von Verwaltungsumorganisationen erhöht werden. Zu nennen sind hier exemplarisch Landesreformen in den Mittelinstanzen. Rheinland-Pfalz etwa realisierte in kürzester Zeit eine Umstrukturierung dreier Regierungsbezirke in funktional aufgestellte Direktionen, die ohne ausreichende IT-technische Vernetzung und entsprechende Übermittlung von Daten nicht in die neu konzipierten Verwaltungseinheiten hätten überführt werden können.

G2G-Anwendungen unterstützen insgesamt die Steigerung der Verwaltungseffizienz, wie oben beschrieben, sowie entsprechende Maßnahmen zur Anpassung der Personalstärke im öffentlichen Bereich. Darüber hinaus sind sekundäre Kostenreduzierungen aus schnelleren und besseren Entscheidungen/Genehmigungen, entsprechende Ausstrahlungseffekte auf den Standort und eine Erhöhung der Dienstleistungsmentalität zu erreichen.

Aus einer kurzen Beschreibung einiger Anwendungsbeispiele oder Funktionalitäten und deren Positionierung in den Kategorien Information, Kommunikation und Transaktion sowie die Betrachtung dieser unterschiedlichen, miteinander in Beziehung stehenden Verwaltungsebenen (Bundes-, Landes-, Kommunalbehörden) lassen sich vier G2G-Gestaltungsparameter ableiten.

Anwendungsbeispiele

Information: Die zur Verfügungstellung von Informationen innerhalb und zwischen Verwaltungseinheiten erfolgt zum großen Teil über Intranet oder Extranet. Hier handelt es sich in hohem Maße um elektronifizierte Standardwerke zur Unterrichtung von Verwaltungen zum allgemeinen Verwaltungshandeln (z. B. Gesetze, Verwaltungsvorschriften, Erlasssammlungen, Geschäftsaufteilungs- und Organisationspläne von Behörden und entsprechende Kontaktlisten). Des Weiteren nutzen Behörden mit ausreichend entwickelter Internet-Kompetenz eigene Sites, um anderen Behörden Daten zur Verfügung zu stellen, die im Rahmen der spezifischen Verwaltungsaufgabe generiert werden (z. B. Landesumweltämter mit aktuellen Messdaten zur Luft- und Wasserqualität oder Wasserstandsmeldungen von Schifffahrtswegen, das Geodatensystem des Bundesamtes für Kartographie und Geodäsie oder zentrale Liegenschaftsinformationen des Bundes und einiger Länder). Der Zugriff auf Informationen einer höheren oder nachgelagerten Verwaltungsebene ist bei der zur Verfügungstellung einer Datenbasis im Intranet durch den Vernetzungsgrad der unterschiedlichen Verwaltungseinheiten und entsprechende Zugriffsrechte determiniert. Diese Hürden wären bei allgemein zugänglichen Daten dadurch vermeidbar, dass die entsprechenden Informationen im Rahmen eines Internet-Angebotes von der Allgemeinheit, aber eben auch von anderen Behörden eingesehen werden können. In der Praxis ist jedoch festzustellen, dass ein hoher Anteil der PC-Arbeitsplätze öffentlicher Stellen zwar technisch einen Zugang zum Internet zulässt, dieser jedoch allzu oft auf die Nutzung von Intranet-Dienste begrenzt ist.

Kommunikation: Die Kommunikation innerhalb und zwischen Verwaltungseinheiten kann im einfachsten Fall über E-Mail erfolgen und dadurch den Aufwand bei der Erstellung papierbasierter Verwaltungsanfragen und -vorgänge grundlegend minimieren. Sie besteht aber auch im Datenaustausch zwischen Behörden in spezifischen internetbasierten Abfrageformaten, der dem konventionellen elektronischen Datenaustausch in der Form nahe kommt, da er auf einem proprietären (zum Teil zeitpunkt- oder batch-orientierten) Verfahren aufsetzt und dieses erweitert. Beispielhaft sind hier die Abfrage von spezifischen Katasterdaten aus einem Geodatensystem, die Abfrage und Ergänzung von Melderegister- oder Kfz-Daten oder die Übermittlung von Wohngeldzahlungsdaten der Kommunen an die ausführende Zahlungsstelle – meist auf Landesebene – zu nennen. Vor allem im Einsatzbereich der Sicherheitskräfte liegen die Effizienz- und Zeitvorteile einer Zusammenfassung zum Teil dezentral verfügbarer Daten auf der Hand. Die Kopplung raumbezogener Daten mit Fahndungsunterstützungs- und Einsatzsystemen auf der Basis neuer Technologien sorgt für einen höheren Bereitschaftsgrad der Polizei. Zuletzt sei im Kontext „Kommunikation" auch auf das hohe Potenzial von E-Learning oder Wissensmanagementsystemen innerhalb der Verwaltung verwiesen. Eine Reihe von Fachschulungen, die derzeit noch zum großen Teil über Präsenz-Seminarveranstaltungen abgehalten werden, kann in naher Zukunft über innovative Bildungseinrichtungen für den öffentlichen Sektor online oder im Rahmen von Selbststudienwerkzeugen unter Rückgriff auf zentral verfügbare, digitale Schulungsunterlagen angeboten werden. Wissensmanagementsysteme sind eine Weiterentwicklung von Content-Management-Systemen, die organisationsinhärentes und themenbezogenes Wissen digital und somit breit und für jeden verfügbar machen.

Transaktionen: Transaktionen zwischen Behörden sind im Vergleich zu Transaktionen zwischen Behörden und Bürgern (Anträge, Zahlung von Gebührenbescheiden etc.) auf Grund der Breite verwaltungsinterner Handlungsakte schwerer abzugrenzen. Im Rahmen der Auftragsarbeit bestimmter Behörden existiert dennoch eine Vielzahl von Aktivitäten, die – quasi als Bestellung – „wertschöpfende" Aktivitäten bei anderen

Behörden oder behördenähnlichen Institutionen auslösen. Zu erwähnen ist hierbei in Deutschland das Verfahren DIGANT, das kommunalen Passämtern den elektronischen und digital unterstützten Datenaustausch zur Bestellung von Ausweisdokumenten erlaubt. Des Weiteren fallen Zahlungstransaktionen zwischen Behörden in diese Kategorie, die eine automatisierte Verbuchung von Mittelzuweisungen im Rahmen der standardisierten HKR- (Haushaltskassenrechnungswesen) Verfahren zulassen.

Gestaltungsparameter

1. *G2G-Prozesse sind zu einem erheblichen Teil Voraussetzung für die medienbruchfreie Bearbeitung von G2B/G2C-Dienstleistungen.* Ohne die Ermöglichung automatisierter interner Arbeitsschritte finden diese Dienstleistungen bereits im „Front Office" der entsprechenden Behörde ihre Grenzen. Der Ausdruck eines Online-Antrages nach Eingang in der Behörde, gefolgt von einer weiteren papier- und aktenbasierten Bearbeitung, ist derzeit noch gang und gäbe. Bei der Bereitstellung von G2B/G2C-Dienstleistungen ist daher im Vorfeld des Einsatzes auf eventuell weitere dringend notwendige Automatisierungsprozesse im „Back Office" der Verwaltung abzustellen. Gemeint sind hier Enabling-Aktivitäten, denen in einer E-Government-Umsetzung erhöhte Aufmerksamkeit zu schenken ist.

2. *Eine effiziente Interaktion zwischen unterschiedlichen Verwaltungsebenen (Bund, Länder, Kommunen) ist nur durch erhöhte Anstrengungen bei der Schaffung standardisierter IT-Infrastrukturen zu realisieren.* Dies ist insbesondere der Fall bei den zu nutzenden Informationsnetzen sowie beim Heranziehen standardisierter und interoperabler Schnittstellen und Softwarepakete, Datenformate und Sicherheitsverfahren (so genannte Basiskomponenten). Folgendes Beispiel unterstreicht diese Anforderung: Ein Bürger zieht von der Stadt A in Bayern in die Stadt B im Saarland unter Nutzung einer internetbasierten An- und Abmeldung bei den Städten. Die Städte selbst können nur dann im Rahmen ihrer G2G-Verwaltungsvorgänge agieren, wenn sie über kommunale Informationsnetze verbunden sind und auch über kompatible Datenverschlüsselungsvoraussetzungen sowie entsprechend standardisierte Datenformatstrukturen verfügen.

3. *Bei der Realisierung von G2G-Anwendungen innerhalb der Verwaltung ist die Betrachtung des Status quo laufender IT-Projekte unabdingbar.* Im Gegensatz zu G2B- oder G2C-Projekten greifen G2G-Projekte wesentlich tiefer in bestehende IT-Architekturen ein, etwa im Bereich Datenmanagement, Middleware und sogar Betriebssysteme. Die Automatisierung verwaltungsinterner Prozesse durch das Heranziehen von Standardsoftwareprodukten erfordert hier die Einbeziehung neuer, durch E-Government zusätzlich notwendiger Entscheidungskriterien beim Projektmanagement mit internen und externen Parteien sowie bei der Softwareauswahl. Ein Review der laufenden IT-Aktivitäten einer Behörde zur Feststellung von E-Government-Berührungspunkten ist somit angezeigt. Des Weiteren werden durch G2G-Projekte erhöhte Anforderungen an die Einheitlichkeit von IT-Landschaften gestellt. Diesen Anforderungen ist nur durch das Balancieren zentraler und dezentraler IT-Entwicklungsaktivitäten zu begegnen.

4. *Die Etablierung von G2G-Anwendungen in der Verwaltung tangiert in hohem Maße bereits laufende Verwaltungsmodernisierungsprozesse.* Deshalb müssen die Anstrengungen im Lichte absehbarer Anpassungen von Verwaltungsstrukturen (z. B. kundenzentrierte Ausrichtung, Übergang von einer Referatsstruktur zu einer Projekt- oder Fachgruppenstruktur) abgestimmt und synchronisiert werden. Da Maßnahmen zur Verwaltungsmodernisierung direkte Auswirkungen auf das Arbeitsumfeld der Mitarbeiterschaft haben, sind diese und auch die Personalvertretungen eng einzubinden.

Aus den vier Gestaltungsparametern bei der Einführung von G2G-Anwendungen in Behörden lässt sich eine Reihe von Voraussetzungen an die Verwaltung ableiten, die bei einer breiten Umsetzung interner Aktivitäten gegeben sein müssen. Anderenfalls könnten sie die Machbarkeit bestimmter in Angriff zu nehmender Aktivitäten einschränken oder zumindest in Frage stellen – eventuell sogar mit Auswirkung auf geplante Aktivitäten im Bereich G2B/G2C. Diese Voraussetzungen, auf die im Folgenden näher eingegangen wird, können gleichzeitig als Checkliste für Entscheidungsträger dienen, um die Einsatzbereitschaft der entsprechenden Verwaltungseinheit abschätzen zu können.

Technische Netze

Die vollständige Realisierung des Nutzenpotenzials aus G2G-Anwendungen erfordert eine leistungsfähige Netztechnik, um eine räumlich entkoppelte Kommunikation sicherstellen sowie die Vorteile dezentraler Rechenleistung und Datenhaltung ausnutzen zu können. Zu diesem Zweck müssen Netze den Anforderungen in den Bereichen Übertragungsvolumen, Netztiefe (Zahl der angeschlossenen Nutzer), Finanzierung/Betreibermodell und Sicherheit erfüllen. In Deutschland wird das Thema technische Netze auf Bundesebene von der Koordinierungs- und Beratungsstelle der Bundesregierung für Informationstechnik in der Bundesverwaltung (KBSt) abgedeckt. Sie konzipiert und entwickelt unter anderem den Informationsverbund Berlin-Bonn (IVBB) – eine Hochleistungsverbindung zwischen den beiden Regierungsstandorten – weiter. Das Netz genügt durch entsprechende Integration von Kryptoverfahren höheren Sicherheitsbedürfnissen, die trotz des externen Betriebs des Netzes gewährleistet sind. Im Zuge der Aufrüstung soll für die Kommunikation innerhalb der gesamten Bundesverwaltung sowie von Bundesbehörden zu den Ländern und zu Dritten zudem der Informationsverbund der Bundesverwaltung (IVBV) als Virtuelles Privates Netz (VPN) errichtet werden. Der Übergang von Bundes- in Landesnetze wird über das TESTA-Netz realisiert, das ebenso anderen Behörden (z. B. Deutscher Wetterdienst, Bundeskriminalamt etc.) den Zugang ermöglicht. In einzelnen Landesnetzen kommen beispielsweise Richtfunkstrecken zum Einsatz, die unter anderem die Vernetzung bis auf die Ebene der Kreisverwaltungen sicherstellen. Diese oder, falls vorhanden, die kommunalen Rechenzentren tragen Sorge für eine weitergehende Anbindung von Städten und Gemeinden. Mit dieser durchgehenden Vernetzung können Anträge, wie z. B. ein elektronischer Personalausweisantrag, über das Verfahren DIGANT über ein gesichertes Netz in jedwede Verwaltungs- oder Ausführungseinheit sicher transportiert werden. In der Realität stehen insbesondere die Landesregierungen im Rahmen ihrer Anstrengungen vor der Herausforderung, die Orts- und Gemeindeverwaltungen über die Anbindung an Kreisnetze oder kommunale Rechenzentren mit hoher Verfügbarkeit zu integrieren. Nur hierdurch ist etwa ein kontinuierlicher Empfang von E-Mails oder elektronischen Verwaltungsvorgängen realisierbar. Im Endstadium der Integration wird die Unterscheidung zwischen Sprach- und Datenübertragung aufgegeben. Vermittlungsstellen für Sprachtelefonie und Daten-

LANs werden in gleicher Weise an ein ATM- oder IP-basiertes Netz angeschlossen. Netzmanagementkapazitäten werden gebündelt und Bandbreiten optimal genutzt.

Netze, in denen Daten der öffentlichen Verwaltung transportiert werden, müssen besonderen Anforderungen an Abhör- und Abstrahlsicherheit genügen. Das Bundesamt für Sicherheit in der Informationstechnik (BSI) erarbeitet Konzepte zur Umsetzung dieser Sicherheitsanforderungen in Deutschland. Bei der Finanzierung und bei dem Betrieb von Behördennetzen ist ein Trend zur verstärkten Einbindung privater Betreiber zu erkennen. Hierbei übernimmt die staatliche Institution, wie etwa Landesrechenzentren, die Definition und das Monitoring von Qualitäts- und Sicherheitsstandards sowie die Performance und das Vertragsmanagement. Mit einem externen Dienstleister können Servicelevels vertraglich vereinbart werden.

Sollen Daten effizient und fehlerfrei versendet werden, müssen mit erheblichem Koordinationsaufwand Verzeichnisse von Behörden, Verwaltungseinheiten, Funktionsbeschreibungen (wie etwa „Untere Jagdbehörde Kreisverwaltungsreferat München") und gegebenenfalls von einzelnen Mitarbeitern zur Verfügung gestellt werden. Derzeit laufen hierzu Pilotverfahren, die die dezentrale Speicherung und Pflege mit einer zentralen deutschen Verwaltungsverzeichnisstruktur ohne Einbußen in den Abfragezeiten koppeln sollen. Die Erstellung der Verzeichnisse ist ein erster Schritt in Richtung einer zentralen deutschen Trust-Center-Funktion für den öffentlichen Bereich, die für eine gesetzeskonforme Verschlüsselung von Daten als notwendig erachtet wird.

PC-Arbeitsplatzausstattung

Auch heute noch sind die EDV-Ausstattungsgrade in öffentlichen Einrichtungen besonders auf kommunaler Ebene nicht sehr hoch. Auf Ebene der deutschen Bundesverwaltung sieht dies, nicht zuletzt durch den Bonn-Berlin-Umzug, wesentlich besser aus. Zwar werden heute fast alle routinemäßigen Administrationsaufgaben mit Computerunterstützung vorgenommen. Viele Arbeitsplätze und Behörden verfügen aber noch nicht über moderne PCs und Vernetzung – oft herrscht eine passive Terminalstruktur vor. Laut einer Erhebung der Stabsstelle für Verwaltungsreform waren im Januar 1999 57 Prozent der Büroarbeitsplätze in Baden-Württemberg mit PC- und Netzwerk ausgestattet. Aktuellere Zahlen in verwertbarer und konsolidierter Form liegen leider derzeit nicht vor, obwohl sie im Lichte einer gesamtheitlichen Analyse des Status quo dringend erforderlich wären. Büroarbeitsplätze ohne IuK-Ausstattung machten lediglich 15 Prozent der Arbeitsplätze aus. Über die Ausstattungsqualität der Arbeitsplätze konnten jedoch keine Aussagen getroffen werden. Ein systematisches IT-Audit findet im Bereich der Länder- und Bundesverwaltungen nicht statt. Erst mit der verstärkten Durchführung von EDV-Projekten unter dem Label „E-Government" haben Regierungen und Verwaltungen in Deutschland erkannt, dass eine systematische Erhebung und Einordnung der bestehenden EDV-Anwendungen und Hardwareausstattungen einen wichtigen Erfolgsbeitrag für Zukunftsprojekte leisten kann. Ein weiteres Manko bei der Bereitstellung einer homogenen und somit mit weniger Aufwand pflegbaren IT-Infrastruktur ist das derzeitige Beschaffungsverhalten öffentlicher Stellen im Hinblick auf PC-Equipment. Nur in eingeschränktem Maße werden PCs und lokale Serverinfrastrukturen im Rahmen von IT-Servicing oder Leasingverträgen effektiv gewartet und zeitgerecht ausgetauscht. Eine immer noch feststellbare Beschaffungspraxis ist der unkoordinierte Kauf aktueller PC- und Servergenerationen. Kostenanalysen leiten jedoch erhebliche Folgekosten aus dieser Praxis her, die auf Probleme und Wartungsaufwände z. B. bei der dezentralen Softwarebespielung oder bei der Anwendungsbetreuung in einem heterogenen Hardware- und Softwareumfeld zurückzuführen sind.

Ein weiterer Faktor bei der Ausstattung von PC-Arbeitsplätzen ist die Gestaltung der Adressierung in Verwaltungen. Einer persönlichen Adressierung, z. B. mit einer Mitarbeiter-E-Mail-Adresse (z. B. maximilian.meier@stadtverwaltung-irgendwo.de) stehen sowohl datenschutzrechtliche Bedenken als auch Vertretungs- und Verschlüsselungsregelungen bei der schriftformkonformen digitalen Signatur (siehe unten) entgegen. Alternativ ist die Generierung von Adressen nach funktionalen Aufgabenfeldern denkbar (z. B. Passbeantragung@stadtverwaltung-irgendwo.de). Nichtrepräsentative Umfragen kommen zum Schluss, dass beide Praktiken derzeit in der öffentlichen Verwaltung nicht konsistent und für den Außenstehenden nicht nach einheitlichem Muster durchgeführt werden und dass eine breite Nutzung von E-Mail als Standardkommunikationsmedium selbst innerhalb einer Behörde noch nicht erreicht ist.

Dokumentenmanagement und Workflow-Einsatz

An die Dokumentationsstandards von Verwaltungsvorgängen werden hohe Anforderungen gestellt. Insbesondere die Wahrung von Transparenz und Nachvollziehbarkeit von Entscheidungssituationen sowie die Authentifizierung von Verfassern stellen bei der Auswahl von unterstützenden Softwareprodukten eine große Herausforderung dar. Der Markt für gängige Workflow- und Dokumentenmanagementsysteme ist unübersichtlich und gemeinhin auf die Bedürfnisse von Unternehmen ausgerichtet, die als in sich abgeschlossene Einheiten geringere Anforderungen an eine Nutzung weit verbreiteter Softwarestandards durch externe Einheiten stellen. In einer Behörde, die darauf angewiesen ist, flexibel ein breites Spektrum unabhängiger (also nicht im Verfügungsbereich dieser Behörde befindlicher) Stellen in einen Verwaltungsvorgang einzuschalten, sollten demnach Softwareprodukte mit möglichst hoher Verbreitung oder entsprechend standardisierten Schnittstellen eingesetzt werden.

Eines der in Deutschland vorherrschenden Konzepte ist DOMEA (Dokumentenmanagement und elektronische Archivierung im IT-gestützten Geschäftsgang), das durch die KBSt definiert wurde und somit als Standard vorliegt. Des Weiteren ist eine Reihe von Softwareprodukten mit diesem Standard auf dem Markt verfügbar. Jedoch konnte bei der Nutzung moderner Workflow- und Dokumentenmanagementsysteme in allen Teilen der Verwaltung noch kein Durchbruch erzielt werden. An das System werden weiterhin Anforderungen zur Authentifizierung, Verschlüsselung und sachgerechten Archivierung gestellt. Diese Anforderungen sind unter anderem durch Kopplung an einen Einsatz der digitalen Signatur erfüllbar. Die gesetzlichen Aufbewahrungsfristen erfordern besondere Maßnahmen zur Sicherstellung der Lesbarkeit (Langlebigkeit von Dateiformaten oder Umformatierungsmöglichkeit ohne Verletzung der Authentizität). Weiterhin müssen Signaturen langfristig überprüfbar und Zertifikate dementsprechend langfristig verfügbar sein. Schließlich ist zur möglichst umfassenden Nutzung der gesamten Anwendungssoftwarepalette die Anbindung und Einbettung letzterer an die Workflow- und Dokumentenmanagementsysteme zu überprüfen.

Datensicherheit und Datenschutz

Auch in der Interaktion zwischen Verwaltungsstellen, insbesondere auf unterschiedlichen Verwaltungsebenen, ergeben sich Situationen, in denen die Weiterleitung von einfachen elektronischen Dokumenten dort nicht ausreicht, wo erhöhte Anforderungen an die Vollständigkeit (Schutz vor Manipulation), Vertraulichkeit, Beweismittelfähigkeit und Authentizität (Absender ist derjenige, für den er sich ausgibt) gestellt werden. Durch die Anwendung des elektronischen Signierens kann die Authentizität und Vollständigkeit von Dokumenten überprüft und abgesichert werden. Der Einsatz von elektronischen Signaturen muss somit zumindest an den Stellen in der Verwaltung gewährleistet sein, die Kraft ihrer Amtsführung schriftformbedürftige, vertrauliche oder langfristig aufbewahrungspflichtige Vorgänge bearbeiten. Die Ausstattung mit digitalen Signaturen variiert auf allen Ebenen der Verwaltung. Die rechtlichen Voraussetzungen, etwa die Anpassung der Verwaltungsverfahrensgesetzgebung bei Bund und Ländern, werden derzeit geschaffen (Abbildung 24).

Projekt	Bund	Länder	Kommunen	Umsetzungsgrad	Beschreibung
E-Vergabe	x			Erprobung ab 1. Quartal 2002	Interne Verarbeitung von elektronisch einge- reichten Ausschreibungsunterlagen/Angebo- ten im BMWi, Beschaffungsamt des BMI und Bundesamt für Bauwesen und Raumordnung
DIGANT	x		x	Erprobung/ Modellversuch	Durchführung eines digitalen Antragsver- fahrens der Kommunen zur Herstellung von Ausweispapieren bei der Bundesdruckerei
Integriertes Haus- haltswirtschafts- system (Land Niedersachsen)		x		Flächen- deckender Roll-out	Aufbau eines ganzheitlichen Haushaltsbewirt- schaftungssystems; Einschluss von mehr als 10.000 Nutzern
Elektronische Melde- registerauskunft Stadt Rathenow			x	Pilotversuch	Abfrage von Melderegisterdaten durch Behörden und Energieversorger mittels PKI- Verschlüsselung

Quelle: Booz Allen Hamilton

Abbildung 24: Status quo der Nutzung digitaler Signaturen bei G2G-Anwendungen (Beispiele)

Dennoch ist eine Reihe rechtlicher Interpretations- und technischer Verfahrensfragen offen. Eine der großen Herausforderungen ist derzeit die flächendeckende Ausstattung der Verwaltungen mit einheitlicher oder zumindest interoperablen Public-Key-Infrastrukturen (PKI). Hier gibt es mehrere Alternativen: Da wäre zum einen die Einführung hardwarebasierter Systeme, wie Chipkarte und Chipkartenleser, oder softwarebasierter Systeme, vergleichbar den derzeitig genutzten E-Banking-Protokollen. Des Weiteren besteht durch das Signaturgesetz 2001 die Möglichkeit der flexiblen Nutzung unterschiedlicher, auf die Anwendung der digitalen Signatur abgestellter Standards: „Sonstige elektronische Signaturen", „qualifizierte elektronische Signaturen" und „akkreditierte elektronische Signaturen". Die Nutzung der digitalen Signatur erfordert Infrastrukturen wie Kartenleser im Falle eines Einsatzes von Chipkarten (hardwarebasierte Alternative) und so genannte Zertifizierungsstellen, die die Identität eines Nutzers „beglaubigen". Auf Grund der vielfältig am Markt existierenden Zertifizierungsanbieter und Standards besteht für alle Verwaltungen im Hinblick auf die Gewährleistung von Interoperabilität derzeit die Herausforderung, sich auf eine geringe Anzahl von genutzten Standards zu einigen und durch technische Brücken (z. B. durch Einführung der Bridge Certification Authority) eine übergreifende Nutzung zu garantieren.

Wie oben erwähnt, zielt „G2G im engeren Sinne" darauf ab, dass unterschiedliche Verwaltungsinstitutionen auf eine einheitliche Datenbasis zurückgreifen und Vorgänge und Abfragen per Internet und Intranet vornehmen können. Diese idealistische Datenhaltungsstrategie ist jedoch auf Grund der in Deutschland angewandten Datenschutzgesetzgebung unrealistisch und schränkt dadurch den Gestaltungsspielraum von G2G erheblich ein. Die Restriktion wird durch den Grundsatz des Zweckbindungsgebotes legitimiert, der darauf abhebt, dass personengebundene Daten im Rahmen des Verwaltungshandelns nur für einen konkreten Zweck erhoben werden dürfen. Sollen die personenbezogenen Daten für mehrere Zwecke herangezogen werden, so müssen die Verwaltungsabläufe und auch die technischen Unterstützungsstrukturen (zumindest softwaretechnisch) voneinander abgegrenzt sein. Dennoch existieren derzeit mehrstufige Verschlüsselungsverfahren, die das Datenschutzproblem in der Weise relativieren, dass befugte Verwaltungsstellen auf zentral gespeicherte Daten zugreifen können, sofern die durch die Daten beschriebene Person oder Institution im

Voraus durch entsprechende elektronische Verfügung hierzu ihr Ein-
verständnis gegeben haben. Die einfache Erstellung von systemüber-
greifenden Auswertungen und Personenprofilen anhand einer eindeutigen Identifikationsnummer, analog zu Schweden oder USA (Social
Security Number), ist hierbei nicht gegeben.

Planung und Koordination

Die oben aufgeführten Voraussetzungen lassen einen erhöhten Koordi-
nationsbedarf aller in G2G-Prozesse eingebundenen Institutionen
erkennen. Im Rahmen der Bund-Länder-Gremienarbeit des KoopADV
werden von Abgeordneten des Bundes, der Länder und der Kommunen
Empfehlungen erarbeitet, die mittelfristig zu einer Standardisierung
der Anwendungsfelder im E-Government führen sollen. Des Weiteren
existieren auf kommunaler Ebene Arbeitsgemeinschaften, die innerhalb eines erweiterten Erfahrungsaustausches auf die Anwendungs-
kenntnisse anderer Kommunen zurückgreifen und gemeinschaftlich
abgestimmte Vorgehen im Hinblick auf Software- und Hardwareaus-
wahl, Anforderungen an übergeordnete Infrastrukturen (in Richtung
Landesregierung oder Rechenzentren) oder Prozessvorgaben für Verfahren über die kommunalen Grenzen hinaus formulieren. Dennoch
bleibt festzustellen, dass auf allen Ebenen derzeit eine Vielzahl isolier-
ter Aktivitäten zur Erarbeitung von E-Government-Rahmenbedingun-
gen, insbesondere im Bereich G2G, erkennbar sind, die eine Optimierung durch Bündelung zuließen.

Die Umsetzung von G2G-Aktivitäten erfordert Weitsicht und strategi-
sches Handeln nach innen und nach außen. Der Vernetzungsaspekt bei
G2G-Anwendungen erfordert eine hohe Abstimmungsleistung von den
Verantwortlichen auf allen Ebenen. Die Etablierung von G2G-Anwen-
dungen sollte in einem klar strukturierten Planungsprozess erarbeitet
werden, der maßgeblich durch fünf Betrachtungsbereiche gekennzeichnet ist:

1. *Ableitung von G2G-Anforderungen auf Basis derzeitiger G2B/G2C-Projekte:*
   Öffentliche Stellen legen derzeit den Schwerpunkt auf die Umset-
   zung nach außen gerichteter E-Government-Maßnahmen, um dem
   Gedanken der Bürgerorientierung und der Standortattraktivität für
   Unternehmen Rechnung zu tragen. Hierbei werden die Anforderun-

gen an Prozesse innerhalb der Verwaltung gemeinhin vernachlässigt. G2B/G2C-Projekte sind daher auf Faktoren zu untersuchen, ohne deren Verfügbarkeit eine durchgängige Umsetzung kundenzentrierter Prozesse nur eingeschränkt oder mit Medienbrüchen umzusetzen ist.

2. *Ableitung von G2G-Prozessen auf Basis der Schnittstellen zwischen Verwaltungsebenen:* Der Planung von G2G-Anwendungen muss eine rigide Prozessanalyse der bestehenden Verwaltungsprozesse vorgeschaltet sein. Hierbei ist der Fokus auf Verfahren zu legen, die die Grenzen der Verwaltungseinheit (Referat X zu Referat Y in derselben Stadtverwaltung) oder der Verwaltungsebenen (Referat X der Kreisverwaltung zum Referat X eines Landesministeriums) überschreiten. Die Analyse von Optimierungspotenzialen an diesen Schnittstellen beinhaltet die Aufnahme aller für eine „grenzüberschreitende" Digitalisierung der Prozesse erforderlichen Infrastrukturen und technischen Voraussetzungen.

3. *Priorisierung der identifizierten potenziellen G2G-Anwendungen nach im Vorfeld klar definierten Nutzenkriterien:* Der externe Nutzengewinn bei in Schritt 1 anvisierten G2B/G2C-Anwendungen ist hier mit einzubeziehen.

4. *Betrachtung derzeitiger (konventioneller) IT-Projekte:* Es steht die Frage im Vordergrund, welche der laufenden und geplanten IT-Projekte (die eventuell im Format eines IT-Rahmenkonzeptes formuliert sind) ohne größere Zusatzaufwendungen in den Kontext E-Government gestellt werden können.

5. *Spiegelung der identifizierten Ansätze an der Machbarkeit:* Die aus Schritt 1 bis 3 ermittelten Aktivitäten erfordern eine Prüfung anhand von Machbarkeitskriterien. Diese lassen sich auf Basis der oben formulierten Voraussetzungen für eine erfolgreiche Implementierung von G2G-Verwaltungsverfahren ableiten und durch weitere Rahmenparameter, wie z. B. verfügbares Budget, Finanzierungspotenzial aus Einsparungen oder Verfügbarkeit von Ressourcen, ergänzen.

8 E-Government als elektronische Demokratie

Die Online-Interaktion des Bürgers mit dem Staat muss sich nicht auf den Bereich der öffentlichen Leistungserbringung beschränken. Wird „E-Government" nicht nur auf diese „Output"-Komponente öffentlicher Leistungserbringung begrenzt, bedeutet es mehr, als per Internet einen Anwohnerparkausweis zu beantragen oder elektronische Steuererklärungen einzureichen.

Das Internet kann auch die „Input"-Seite des Regierens und staatlichen Gestaltens durch die Partizipation von Bürgern beeinflussen. Dabei geht es sowohl um die verbindlichste Art der Partizipation, den Wahlakt, als auch um den weiteren Bereich der Mitgestaltung öffentlicher Themen: der politische Diskurs und die entsprechende Willensbildung. Auch der parlamentarische Prozess selbst ist betroffen.

Internet-Wahlen

Eine zentrale Form der politischen Partizipation, zumal in einer repräsentativen Demokratie, ist die Wahl. Das Wahlverfahren, als Willensäußerung des Souveräns, ist auf Grund seiner eminenten Bedeutung im öffentlichen Bereich rechtlich eng geregelt und unterliegt besonderen Anforderungen. Wahlen über das Internet erscheinen nun technisch machbar. Eine Reihe von Anbietern vertreibt entsprechende Systeme, vor allem für klar identifizierbare kleinere Organisationen, deren rechtliche Rahmenbedingungen und Anforderungen als unkritisch zu bewerten sind.

Erste Experimente mit solchen „Internet-Wahlen" gibt es in einer breiten Facette von Bereichen, allerdings noch nicht auf nationaler Ebene. Unter Internet-Wahlen („Online-Wahlen", „E-Voting") sind Wahlen über einen unbeaufsichtigten Internet-Zugang gemeint, nicht Wahlen über ein bestimmtes Terminal bzw. mit einer Wahlmaschine im Wahlbüro („kiosk voting"). Im Jahr 2000 fanden die ersten Internet-Wahlen in diesem Sinne statt:

- In Deutschland spielt die Forschungsgruppe „Internet-Wahlen" (www.internetwahlen.de) um den Bielefelder Soziologieprofessor Dietmar Otten eine Motorenrolle. Ihr gelang es, im Februar 2000 an der Universität Osnabrück die weltweit ersten rechtskräftigen Internet-Wahlen zu veranstalten: Bei dieser Wahl konnten die Osnabrücker Studierenden über die Zusammensetzung ihres Studentenparlaments abstimmen – rund zehn Prozent nutzten diese Möglichkeit. Eingesetzt wurde das mit Partnern der Wirtschaft entwickelte System „I-Vote". Interessierte Freiwillige erhielten Wahlsoftware, Chipkarten mit persönlichem Signaturschlüssel und Kartenlesegeräte; zudem konnte auch in einem Wahlraum per Computer abgestimmt werden.

- Die Osnabrücker Wahl ging einem US-amerikanischen Experiment knapp voraus: Im Bundesstaat Arizona konnten am 11. März 2000 die Parteimitglieder der Demokratischen Partei bei den parteiinternen Präsidentschaftsvorwahlen entweder konventionell in Wahllokalen bzw. per Brief oder mit einem System der Firma Election.com via Internet über die Präsidentschaftskandidaten abstimmen. Booz Allen Hamilton koordinierte die notwendigen Prozesse und den Einsatz der Informationstechnologie.

- Weltweites Aufsehen erregte im Sommer 2000 eine weitere Online-Wahl: Über 76.000 Personen rund um den Globus beteiligten sich an der Wahl der fünf nach Regionen vergebenen Sitze im Direktorium des zentralen Gremiums zur Adressverwaltung im Internet, des ICANN (Internet Corporation for Assigned Names and Numbers). Identifiziert wurden die registrierten Wähler über per E-Mail vergebene Passwörter und Nummern sowie eine per Post verschickte PIN. Wie in Arizona entwarf die Firma Election.com das System.

Inzwischen erscheint das Thema Internet-Wahlen auf der politischen Agenda. Der Einsatz des Internet zur Erweiterung des konventionellen Repertoires von Wahlformen, wie die persönliche Stimmabgabe, die Briefwahl oder die Wahl mittels Stellvertreter, wird in einer zunehmenden Zahl von Ländern durchgeführt.

In den USA erhielt die allgemeine Debatte über Internet-Wahlen nicht zuletzt durch die problematischen, weil fehlerbehafteten Präsidentschaftswahlen im Jahr 2000 neuen Auftrieb. In Deutschland fördert die Bundesregierung aktiv Forschungsvorhaben zur zuverlässigen, d.h. vor allem „sicheren", Durchführung von Internet-Wahlen. Insgesamt wurden dafür rund 0,7 Millionen Euro bereitgestellt. Auch die Online-Wahl an der Uni Osnabrück ist Bestandteil des vom Bundesministerium für Wirtschaft und Technologie geförderten Projektes, in dessen Rahmen einige weitere simulierte Wahlen durchgeführt wurden.

Die EU unterstützt ebenfalls die Entwicklung eines Systems zur Online-Wahl. Für das Projekt „Cyber-Vote" hat die EU-Kommission ein internationales Konsortium aus Unternehmen der IT-Branche und Forschungseinrichtungen beauftragt, innerhalb der kommenden drei Jahre ein Online-System zu entwickeln und zu testen, das eine Stimmabgabe vom heimischen PC, von PDAs und von Mobiltelefonen aus ermöglicht. Das System wird im Rahmen von Testwahlen in Deutschland, Frankreich und Schweden erprobt, welche über 3.000 Wähler einbeziehen. Das Projekt wurde offiziell am 1. September 2000 begonnen und endet am 1. März 2003. Das System wird von EADS Matra koordiniert und konkurriert so mit US-Technologien wie Election.com und VoteHere.

Weiterentwickelt wird auch das I-Vote-System der Forschungsgruppe Internet-Wahlen. Im Juli 2001 fanden in Esslingen Wahlen zum Jugendgemeinderat mit digitaler Signatur und – erstmalig – einem online geführten Wählerregister statt. Die Wahl entsprach in puncto Sicherheit und Anonymität den Anforderungen einer Briefwahl. Der Rückgriff auf ein elektronisches Wählerregister führte zu erheblichen Zeitgewinnen, da das übliche Nachschlagen beim Überprüfen der Identität entfiel. Noch weiter reichen in einigen Ländern Initiativen zum Einsatz des Internet bei parlamentarischen Wahlen:

- Ein Gesetzesentwurf zur Ermöglichung von Internet-Wahlen liegt derzeit im estnischen Parlament, sodass Estland bereits 2003 die ersten internetunterstützten Parlamentswahlen durchführen könnte.

- Die Regierung des Kantons Genf hat am 7. März 2001 beschlossen, 2002 Internet-Stimmabgaben in Ergänzung zum konventionellen Verfahren und zur Briefwahl zu testen. Für den Versuch werden Hewlett-Packard und eine lokale Firma, Wisekey S.A., die Technologie bereitstellen.

- In den Niederlanden ist geplant, Online-Voting bei den Provinzrats-wahlen am 11. März 2003 testweise einzusetzen. Dabei soll das elektronische Wählen sowohl von öffentlichen Terminals als auch von privaten Internet-Zugängen aus möglich sein.

In Deutschland gibt es bisher noch keine konkreten Gesetzesinitiativen oder gar einen Terminplan zur ersten Durchführung von Internet-Wahlen, auch wenn es parteienübergreifend Fürsprecher für eine solche Option gibt. Haupthürde ist in vielen Ländern der rechtliche Rahmen, vor allem in jenen Staaten, die keine Briefwahl als ortsungebundene alternative Form vorsehen. In der EU ist dies bei der Mehrheit der Mitgliedsländer der Fall. Nur in Deutschland, Österreich, Schweden und Finnland existiert diese Wahlform.

Ein Blick auf die in vielen Systemen bekannte Briefwahl vereinfacht es, die Konformität von Internet-Wahlen mit den Grundsätzen der allgemeinen, freien, gleichen und geheimen Wahl darzulegen. So kann argumentiert werden, dass Wahlen via Internet mit diesen im Grundgesetz verankerten Wahlprinzipien für Bundestag, Landtage und Kommunen vereinbar sind (Art. 38, Abs. 1 GG und Art. 28, Abs. 1 Satz 2 GG).

- Im Hinblick auf den Grundsatz der Allgemeinheit der Wahl, d.h. – in Spiegelung des allgemeinen Wahlrechts – der Möglichkeit für alle, ihre Stimme abzugeben, erscheint die Online-Wahl ähnlich tolerabel wie die Briefwahl. Eine wesentliche Voraussetzung für das Wählen per Briefwahl wird nach geltender Rechtslage allerdings in der Verhinderung zu einer persönlichen Stimmabgabe am Wahltag gesehen. Die Briefwahl ist also rechtlich ein Ausnahmefall. Ähnliches gilt für Online-Wahlen.

- Der freie Charakter der Wahl zeigt sich zum einen in einem Wahlprozess, der frei ist von öffentlicher Gewalt und privatem Druck. Zum anderen muss der Stimmzettel persönlich und unbeeinflusst ausgefüllt werden. Bei der Briefwahl gilt diesbezüglich die Versicherung an Eides statt. Diese Erklärung wäre durch die „Unterschrift" mit einer rechtsgültigen digitalen Signatur zu leisten.

- Die Konformität der Wahl zeigt sich einerseits in der Gleichheit der Wahlvorschläge (gleiche Stimmzettel), andererseits in der Gleichheit des Stimmengewichts (keine Doppelwahl, keine Wahl durch einen Dritten, keine Verzerrung im Wahlprozess). Für die Gleichheit des

Stimmengewichts ist die Überprüfung von Identität des Wählers und Authentizität der Stimme entscheidend. Für die Internet-Wahlen käme wiederum die Nutzung rechtsgültiger Signaturen zum Zuge, welche – ähnlich dem Öffnen eines Postschließfachs – auf einer Lösung mit zwei Schlüsseln beruht. Zuerst verschlüsselt der Wähler seine Stimme mit einem privaten Code selbst. Danach codiert eine Zertifizierungsstelle unter staatlicher Kontrolle (als „vertrauenswürdiger Dritter") mit einem zweiten „öffentlichen" Schlüssel die Stimme. In der Praxis würde der Wähler nach Beweis seiner Identität von der Zertifizierungsstelle eine Chipkarte mit vorgespeichertem öffentlichen Schlüssel bekommen, beim Wahlakt selbst würde er über Lesegerät und Software seine Stimme mit seinem privaten Schlüssel doppelt versiegeln. Bei der Entschlüsselung könnten damit Identität und Authentizität festgestellt werden.

• Die Gewährleistung des Wahlgeheimnisses ist indessen ähnlich problematisch zu beurteilen wie bei der Briefwahl. Die Übertragung der Stimme ist durch das Postgeheimnis (§ 202 StGB) sowohl bei konventionell postalischer als auch bei elektronischer Übermittlung unter staatlichem Schutz. Die Feststellung der Identität und Authentizität kann in beiden Fällen ebenfalls in der Art erfolgen, dass keine Rückschlüsse auf das Wahlverhalten einer Person gezogen werden können – bei der Briefwahl z. B. durch zwei Umschläge: ein äußerer zum Ausweis der Identität und ein innerer für die Stimmabgabe selbst. Entsprechend können auch der öffentliche Schlüssel zur Feststellung der Personalien und der private Schlüssel zur Wertung der Stimme eingesetzt werden. Ein grundsätzliches Problem bleibt jedoch, dass die Einflussnahme Dritter nicht ausgeschlossen werden kann, sei sie direkt (Abstimmung an Stelle des Wahlberechtigten) oder subtil (Blick über die Schulter).

Es zeigt sich, dass Internet-Wahlen grundsätzlich ähnlich wie Briefwahlen beurteilt werden können. Dies schließt auch bestimmte Probleme der Briefwahl, insbesondere in puncto Wahlgeheimnis, mit ein. Internet-Wahlen werden daher von der Fachwelt ebenso als Ausnahmefall angesehen wie Briefwahlen.

Argumente grundsätzlicher Natur in der Debatte um die Einführung von Internet-Wahlen auf der Ebene von Legislativwahlen sind noch nicht abschließend entwickelt. Sie erstrecken sich auf das Potenzial,

Wähler zu mobilisieren, sowie auf das Auftreten des Staates, auf Sicherheit und auf Kosten; im Folgenden werden sie kurz skizziert. Argumente, die für die Durchführung von Internet-Wahlen sprechen, sind unter anderem:

- Auf Grund der Bedienerfreundlichkeit und/oder der Modernität des Online-Voting wird davon ausgegangen, dass Personen zur Wahl animiert werden, denen eine persönliche Stimmabgabe nicht oder nur schwer möglich ist bzw. die persönliches Wählen und alternative Formen wie Briefwahl als umständlich oder ungeeignet ansehen. Dies würde eine höhere Wahlbeteiligung und eine Förderung der politischen Partizipation bedeuten. Dieses Argument wird zuweilen damit verknüpft, dass durch höhere politische Partizipation Politik- und Parteienverdrossenheit gesenkt werden könnten. Gestützt auf Umfragen erwartet z. B. die Universität Genf von der Einführung elektronischer kantonaler Stimmabgaben über das Netz, aber auch den damit verbundenen stärkeren Online-Informationen, einen Anstieg der Wahlbeteiligung um neun Prozent, vor allem in der Gruppe der gut ausgebildeten 18- bis 40-jährigen Personen.

- Online-Wahlen werden im Weiteren auch als ein Merkmal von Bürgerfreundlichkeit und Modernisierung des Staates begriffen. Hier lautet das Argument weniger, Wähler (zurück) zu gewinnen, als vielmehr dem Bürger mit einem modernen Mitwirkungsrepertoire entgegenzukommen. Indizien für ein solch verändertes „Nutzerprofil" ist das seit den 50er-Jahren in Deutschland beobachtete Anwachsen der Zahl von Briefwählern. Bei der Bundestagswahl 1998 haben rund 16 Prozent der Wähler (in München sogar 25 Prozent) nicht in einem Wahllokal gewählt.

- Mit ausgereifter Technologie, so ein weiteres Argument, sind Online-Wahlen zuverlässiger – bzw. zumindest nicht unzuverlässiger – als konventionelle Systeme. Die letzten Präsidentschaftswahlen in den USA liefern diesbezüglich ein treffendes Fallbeispiel.

Gegen den Einsatz von Internet-Wahlen sprechen jedoch einige Argumente:

- Zweifel an der Sicherheit des Wahlaktes (Wahlgeheimnis), der technischen Sicherheit und der Robustheit der Systeme: Die Bedenken erstrecken sich auf Manipulation der Ergebnisse bei der Eingabe, bei der Übertragung und bei der Sammlung/Auswertung. Wählen mit falscher Identität oder unter Beeinflussung durch Dritte, Cyberattacken, Viren und Systemabstürze sind als potenzielle Szenarien nicht vollständig auszuschließen.

- Eine „Entweihung" des Wahlaktes: Dadurch, dass dem Wählen ein Teil seiner „Feierlichkeit" und seines Anspruchs an den einzelnen Bürger (durch den Gang zum Wahllokal) genommen wird, könnten die Grenzen zwischen Umfrage und Wahl verschwimmen. Es ergäbe sich damit die Gefahr einer Zunahme von unreflektierten Abstimmungen („junk votes") bzw. insgesamt einer gewissen Trivialisierung demokratischer Entscheidungsfindung.

- Internet-Wahlen mögen zwar, wie bereits erwähnt, die Partizipation erhöhen; es besteht jedoch auch die Gefahr, dass diese Partizipation einseitig ausfällt – zu Gunsten artikulationsfähiger und technikbewanderter Personen.

- Ein zusätzliches Argument, das weniger gegen Internet-Wahlen an sich als vielmehr gegen ihre Durchführung vorgebracht wird, sind die Kosten: Allein für die Ausstattung der rund 80.000 deutschen Wahllokale, die Vernetzung und die nötige Hard- und Software würden rund eine viertel Milliarde Euro benötigt, schätzt die Bundeswahlleitung und sieht damit eine unrealistische Dimension erreicht.

Grundsätzlich scheint die Entscheidung für oder gegen Internet-Wahlen weniger eine Abwägung zwischen quasi „automatisch" herbeiführbaren Wirkungen als vielmehr eine Frage der politischen Opportunität und dem Entwurf einer neuen, zeitgemäßen politischen Kultur zu sein. Wie bei allen G2C-Anwendungen spielt nicht zuletzt das Kosten/Nutzen-Kalkül eine entscheidende Rolle. Bürger mit den notwendigen Mitteln zur tauglichen Abgabe einer elektronischen Stimme auszurüsten wird enorm teuer. Schätzungen gehen von einem Investitionsbedarf von bis zu 250 Euro pro Wähler aus. Ob sich dieser Aufwand für eine einzelne Transaktion, die nur alle paar Jahre vorgenommen wird, wirklich lohnt, darf bezweifelt werden. Mit E-Voting scheint somit nicht gerade eine Killer-Applikation vorzuliegen: enormer Aufwand für die Realisierung und letztlich kaum Nachfrage bzw. Nutzen für den Kunden – unter den heutigen Randbedingungen.

Internet und Parteiarbeit/Wahlkampf

Die meisten großen Parteien ergänzen inzwischen ihre traditionelle Off-line-Parteiarbeit mit Online-Komponenten und bauen ergänzend hier-zu das Internet in die Wahlkampfführung ein.

Online-Parteiarbeit kann deutlich über die reine Vernetzung der Bezirksverbände hinausgehen und sich auf die Entscheidungsfindung selbst sowie grundsätzliche Organisationsfragen erstrecken, wie die folgenden Beispiele zeigen:

- Im Vorfeld des Kleinen Parteitages im Oktober 2000 konnten CDU-Mit-glieder beispielsweise elektronisch über einen Leitantrag zur Bil-dungspolitik diskutieren, Änderungen vorschlagen und über bestimmte Punkte abstimmen. Die Ergebnisse wurden den 150 Dele-gierten des Kleinen Parteitages zur Vorlage gebracht, die dann darü-ber entscheiden mussten. Nur etwa 400, d.h. nicht einmal drei Pro-zent der 13.500 bereits im Mitgliedernetz Registrierten, beteiligten sich an der elektronischen Diskussion und Abstimmung – weniger als ein Promille der insgesamt 630.000 Parteimitglieder.

- Am 13. Juni 2000 hat die FDP einen Internet-Landesverband gegrün-det, der neben den territorial organisierten Verbänden als vollwerti-ger Landesverband etabliert werden soll.

Während es fraglich ist, inwieweit die Parteien ihre Online-Verbände effektiv in die Parteiarbeit einbinden können, ist die Ausweitung des Wahlkampfes auf das Internet, das so genannte „Internet-Cam-paigning", bereits in vollem Gange.

Dennoch ist zu erkennen, dass Abgeordnete das Internet bisher nur begrenzt einsetzen. Rund ein Drittel der in einer Umfrage des Institute for Electronic Government befragten 400 Abgeordneten aus 14 europäi-schen Ländern nutzte E-Mail für Wahlkampfzwecke. Von den Abgeord-neten mit eigenen Internet-Seiten setzte ebenfalls ein Drittel das Inter-net für die Wahlkampagne ein. Mehr als zwei Drittel dieser Nutzer-gruppen gaben an, dass E-Mail und Internet-Seiten für ihren Wahlkampf förderlich waren.

Im Landtagswahlkampf 2000 in Nordrhein-Westfalen haben die Partei-en in Deutschland gezeigt, wie sehr sie bereits das Internet als Wahl-kampfplattform entdeckt haben. Jürgen Rüttgers (www.ruettgers4u.de)

ließ sich z. B. mit einer Webcam beobachten, Wolfgang Clement (www.clement2000.de) präsentierte sein privates Fotoalbum und FDP-Kandidat Jürgen Möllemann ließ die Besucher seiner Internet-Seite www.nrwbrauchttempo.de einen Fortsetzungsroman schreiben.

Auch im US-Präsidentschaftswahlkampf spielte das Internet-Campaigning eine große Rolle. Der republikanische Kandidat George W. Bush (www.georgewbush.com) z. B. lockte Surfer mit einem „tax calculator", der jedem ausrechnet, wie seine persönliche Steuerentlastung unter einem Präsidenten Bush aussehen würde. Nach dem Wahltag sammelten die Republikaner über die Internet-Seite von Bush und per E-Mail Spenden, um die juristischen Auseinandersetzungen zu den Nachzählungen zu finanzieren.

Den Websites der beiden Favoriten standen Tausende von Internet-Seiten gegenüber, die ihre politischen Anhänger ins Netz gestellt hatten – genauso ungefragt wie die Schöpfer der – inzwischen wieder abgeschalteten – Websites www.gwbush.com und www.nogore.com.

Im Wahlkampf zum britischen Unterhaus 2001 setzte die Labour-Partei sogar auf SMS-Botschaften zur Mobilisierung möglicher Wähler: Am Tag vor der Wahl erhielten identifizierte potenzielle Labour-Wähler die Botschaft „ „d:*0 WUCIWUG #:-0 VTE LBR 2MORO". Das erste kombinierte Emoticon sollte dabei den Tory-Kandidaten William Hague mit Baseballmütze in etwas angeheitertem Zustand darstellen – daher der Stern. Nach der Meldung „what you see is what you get" erscheint als zweites Emoticon ein geschocktes Gesicht – und die Aufforderung: „vote Labour tomorrow".

Internet und Partizipation

Das Internet bietet den Bürgern die Chance einer aktiven politischen Willensbildung. Es entledigt sie lästiger Formalien und Anstrengungen wie förmlicher Korrespondenz oder Warteschlangen im Rahmen von Behördengängen. Auch ritualisierte Prozesse wie Parteitage und Wahlkampfveranstaltungen können zukünftig unter anderen Voraussetzungen stattfinden. Die Information kann aus dem Internet bezogen und je nach Wunsch können Parteien auch diskret unterstützt werden.

Für den US-Präsidentschaftswahlkampf beispielsweise wurde in der Frühphase eine verstärkte Partizipation festgestellt: Fast 40 Prozent der Online-Geldgeber des republikanischen Präsidentschaftsbewerbers John McCain, der vor der Endwahl aufgegeben hat, sollen angeblich die erste Politspende ihres Lebens getätigt haben. Nach einer Erhebung von Jupiter Media Metrix zogen Wahlkampf-Websites allerdings keine unentschlossenen Wähler an, sondern schlossen die Ränge in den Parteien. Ungefähr 80 Prozent der Internet-Nutzer, die eine solche Seite besuchten, waren bereits auf einen Kandidaten festgelegt. Die Web-Nutzer stellten auch eine politisch aktive Gruppe dar: 88 Prozent der Web-Surfer über 18 Jahre wollten zur Wahl gehen.

Das Internet kann den Kontakt zwischen Abgeordneten und Bürgern stärken und zu mehr Transparenz führen. Internet-Seite und E-Mail-Adressen gehören inzwischen zum guten Ton eines Parlaments und seiner Abgeordneten. Die oben bereits genannte Umfrage ergab, dass 95 Prozent der Abgeordneten täglich E-Mail nutzen – davon allerdings nur 69 Prozent zur Kommunikation mit Wählern – und dass 37 Prozent eine eigene Internet-Seite pflegen.

Auf besonders viel Transparenz legt das schottische Parlament Wert, das nach 292 Jahren Pause 1999 seine Arbeit wieder aufgenommen hat. Sämtliche 129 Abgeordneten sind mit Laptops ausgerüstet. Alle kleinen und großen Anfragen werden elektronisch eingegeben und die Antworten sind unmittelbar nach der Bearbeitung auf der Internet-Seite des Parlaments www.scottish.parliament.uk einzusehen. Im Netz sind zudem Informationen, wie z. B. die Höhe der Diäten und Finanzbeteiligungen der Abgeordneten, einsehbar. Dass die Nutzung des Internet nicht bei der Korrespondenz des einzelnen Abgeordneten mit seinen Wählern aufhören muss, zeigt die Stadt Stuttgart mit der Veröffentlichung von Vorlagen in Entwurfsform. Der Unterausschuss Neue Medien im deutschen Bundestag hat zum 16. Juli 2001 das „Projekt eDemokratie" in Betrieb genommen, das als Pilotprojekt für Online-Konsultationen dienen soll. Es wird angeboten, auf der Internet-Plattform www.elektronische-demokratie.de die Modernisierung des Informationsrechts zu begleiten und zu diskutieren.

Sehr gute Erfahrungen mit einer Kombination aus Online- und Offline-Konsultation hat Australien im Juni 2000 gemacht. Über eine Internet-Seite standen Hintergrundinformationen und eine Online-Befragungsmaske zur Verfügung, zudem wurden 18.000 gedruckte Versionen des Informationspapiers ausgegeben und 28 öffentliche Konferenzen veranstaltet. Die Befragung wurde von großer Medienberichterstattung begleitet und übertraf im Ergebnis alle Erwartungen: Über 5.000 E-Mails und über 3.500 Telefonanrufe gingen ein, das Diskussionspapier wurde rund 6.500 mal aus dem Internet heruntergeladen. Bei dieser sehr großen Befragung erwies sich das Internet als überaus hilfreiches unterstützendes Instrument.

Im Rahmen von Online-Artikulationsmöglichkeiten bilden sich auch für Petitionen neue Formen heraus. Das Online-Projekt des ehemaligen Clinton-Beraters Dick Morris lässt seit einem Jahr Surfer über aktuelle politische Themen entscheiden – von der Einwanderungspolitik bis zum Klimaschutzabkommen von Kyoto. Häufig stimmen unter der Adresse www.vote.com Zehntausende, manchmal auch mehr als 100.000 Internet-Nutzer ab, und immer leitet vote.com jede einzelne Stimme per E–Mail an die relevanten Entscheider in Washington weiter. Eine politische Plattform in Deutschland ist das Projekt „politik digital", das vor drei Jahren von den Hamburgern Lars Hinrichs und Peer-Arne Böttcher gegründet wurde (www.politik-digital.de). Bei „politik digital" erfolgt die Interessenartikulation in erster Linie über die Online-Veröffentlichung von Beiträgen, doch werden auch Petitionen entgegengenommen. Gegen unerlaubte elektronische Werbesendungen in Europa beispielsweise sammelten die Netzaktivisten in drei Wochen 25.000 Unterschriften, die sie in Brüssel überreichten.

Entwicklungsperspektive

Heute zeichnen sich schon zahlreiche Ansätze zu Formen elektronischer Demokratie ab; viele Entwicklungen stecken jedoch noch in den Kinderschuhen und werden in absehbarer Zeit auch kein Ersatz für konventionelle Demokratieformen sein. Eine umfassende Diskussion potenzieller Chancen und Risiken ist in Anbetracht des frühen Entwicklungsstandes kaum möglich; abschließend können einige wenige wesentliche Perspektiven aufgezeigt werden.

Eine zentrale Herausforderung stellt das Internet für die politisch Agierenden dar. Durch das Internet wird das Tempo im politischen Willensbildungsprozess erhöht. Mehr Informationen stehen schneller einem größeren Personenkreis zur Verfügung. Das erhöht den Druck auf Verantwortliche in der Politik. Für sie wird Internet-Kompetenz zu einer wichtigen Qualifikation. Zugleich besteht die Chance, politische Prozesse transparenter zu machen und damit deren Legitimation zu erhöhen. Mit seinen einfachen Zugriffsmöglichkeiten besitzt das Internet im Hinblick auf die Partizipation der Bürger ein enormes Potenzial. Als Bumerang könnte sich dies jedoch erweisen, wenn nicht Wege gefunden werden, mit dem neuen „E-Bedarf" Schritt zu halten. Die Dimension zeigt z. B. die Anzahl der E-Mails, die jährlich das US-amerikanische Repräsentantenhaus erreichen: circa 48 Millionen im Jahr 2000. Manche Senatorenbüros erhalten 55.000 E-Mails im Monat. Erhebliche Zeitverzögerungen beim Empfang und eine langsame bzw. standardisierte und lückenhafte Beantwortung sind die Folge und können den vermeintlichen Legitimationsgewinn schnell ins Gegenteil verkehren.

Zu bedenken ist ferner, dass das Netz von vielen als glaubwürdige Informationsquelle angesehen wird. So stimmten rund 52 Prozent der befragten US-amerikanischen Internet-Nutzer und circa 32 Prozent aus der Gruppe der Nichtnutzer bei einer Erhebung der Universität von Kalifornien (UCLA) der Behauptung zu, dass die meisten der Informationen im Netz zuverlässig und richtig seien – 45,6 Prozent waren der Ansicht, dass man durch die Nutzung des Internet die Politik besser verstehen könne. Allerdings ist die Gefahr populistischer Auswüchse nicht von der Hand zu weisen. Ganz allgemein bedroht eine zunehmende Partizipation an der politischen Willensbildung per Mausklick etablierte Interessenverbände, Gewerkschaften und auch Parteien. Ob jedoch das Internet, und insbesondere Online-Wahlen, einem unüberlegteren und verantwortungsloseren Wählen Vorschub leisten, bleibt dahingestellt.

Das Netz fügt sich, mit Ausnahme von rechtsverbindlichen Online-Wahlen, in die lange Liste ehemals als „unkonventionell" bezeichneter Formen der Mitwirkung an der politischen Willensbildung ein – von der Straßendemo bis hin zum Sitzstreik –, die inzwischen weitgehend als konventionell erachtet werden. Es ist jedoch darauf zu achten, dass sich nicht bestimmte Gruppen mit überlegener Artikulationsfähigkeit auf Kosten der aus sozio-demographischen oder anderen strukturellen Gründen Benachteiligten unverhältnismäßig stark durchsetzen. Hier ergibt sich eine große Herausforderung an die Agierenden im politischen Prozess.

9 Informationstechnologie – Voraussetzung für E-Government

Eine entscheidende Grundlage für die Umsetzung von E-Government bildet der umfassende und strukturierte Einsatz von Informationstechnologie (IT). Nur durch ein koordiniertes Zusammenspiel bestehender und neu zu entwickelnder Systeme und Anwendungen kann eine zukunftsfähige IT-Architektur und damit die erfolgreiche Umsetzung von E-Government-Lösungen erreicht werden. Dies stellt die Entscheider vor wichtige Herausforderungen. E-Government verändert die bisherige Rolle der Informationstechnologie in der Verwaltung grundlegend: Informationstechnologie wandelt sich zu einer Schlüsselrolle bei der Dienstleistungserbringung und erfordert eine zunehmend engere Verzahnung mit den fachlichen Anforderungen und Zielsetzungen. Hinzu kommt die erforderliche Koordination innerhalb und zwischen den Verwaltungsebenen, beispielsweise in Bezug auf Netzinfrastruktur und Prozessdurchgängigkeit, die nur durch ein systematisches IT-Management über die gesamte Wertschöpfungskette im E-Government erfolgreich realisiert werden kann.

Management der IT-Bereitstellung bei E-Government-Programmen

Bisherige Vorgehensweisen zur Bereitstellung von Informationstechnologie werden den schnellen Änderungen sowohl seitens der Anwender (Definition der funktionalen Anforderungen an E-Government-Lösungen) als auch seitens der Realisierungseinheiten (technische Spezifikation und Implementierung) nicht mehr gerecht. Jeder der vier Teilschritte des traditionellen Managementprozesses der IT-Bereitstellung (Abbildung 25) unterliegt bei der Konzeption und Umsetzung von E-Government-Lösungen einem substanziellen Anpassungsbedarf. Die in

Abbildung 25: Traditioneller Managementprozess der IT-Bereitstellung

den einzelnen Teilschritten auftretenden Schwierigkeiten werden im Folgenden erläutert.

Im Bereich des IT-Portfoliomanagements werden Investitionsentscheidungen über neue IT-Projekte oder über Erweiterungen bestehender Produkte bisher vorrangig auf Basis qualitativer Beurteilungskriterien getroffen. In ausgewählten Fällen wird eine Kosten/Nutzen-Analyse durchgeführt, die im Idealfall die funktionalen und technischen Abhängigkeiten des geplanten Vorhabens mit dem bestehenden Portfolio berücksichtigt. Bei einer Kosten/Nutzen-Analyse wird der geschätzte Aufwand zur Implementierung und Einführung eines IT-Systems den erwarteten Potenzialen, die während der Einsatzdauer anfallen, gegenübergestellt und bewertet. Da sich auf Grund der technologischen Innovationsgeschwindigkeit jedoch ständig sowohl die Kosten- als auch die Nutzenabschätzung verändert, ist es oftmals nicht möglich, Entscheidungen mit langfristigen Konsequenzen (z. B. Projekte mit einer Entwicklungsdauer von mehreren Jahren) auf etablierten Wertschöpfungsprozessen aufzubauen.

Beim Management der fachlichen Anforderungen aus den Behördenbereichen und Ressorts werden diese in der Regel zu Beginn eines Projektes mit der IT-Abteilung abgestimmt und bleiben bis zum Ende der Umsetzung weitgehend unverändert. Anforderungen bestehen zu einem Großteil in der Unterstützung historisch gewachsener Strukturen für ausgewählte Prozessschritte (z. B. Abfrage einer Datenbank), nicht aber in der durchgängigen Realisierung der Prozesse selbst (z. B. IT-gestützte Vorgangsbearbeitung mit elektronischer Archivierung). Auf Grund des schnellen technologischen Wandels ändern sich auch die Anwendungsmöglichkeiten der Informationstechnologie: Fachliche

Anforderungen können in einem anderen Umfang oder auf einem völlig anderen Weg abgebildet werden, wobei sich optimale Lösungen jedoch nur aus der engen und kontinuierlichen Abstimmung zwischen den Geschäftsbereichen und der Informationstechnologie innerhalb eines Ressorts oder einer Behörde ergeben.

Durch die Dynamik in der konzeptionellen Lösungsentwicklung unterliegt auch die Form der Implementierung einem stetigen Anpassungsbedarf. Neue fachliche und technologische Umsetzungsprinzipien erfordern darauf abgestimmte Vorgehensmodelle bei der Implementierung. Die zum Einsatz kommenden Modelle sind durch höhere Flexibilität, frühzeitige Lösungserstellung und kontinuierliche Anpassungsmöglichkeiten gekennzeichnet, um die Balance zwischen Technologieadaption und -persistenz gerade vor dem Hintergrund innovativer E-Government-Lösungen aktiv gestalten zu können.

Ein hierfür geeignetes Vorgehensmodell ist durch die Iteration der Realisierungsschritte in Form von „Launch and Learn" gekennzeichnet (Abbildung 26). Von der Ermittlung des IT-Portfolios bis zur Implementierung der entsprechenden Systeme steht der Anspruch an „time-to-market" im Vordergrund – Ansätze müssen schnell realisiert und auch nach der Implementierung kontinuierlich weiterentwickelt und gegebenenfalls angepasst werden.

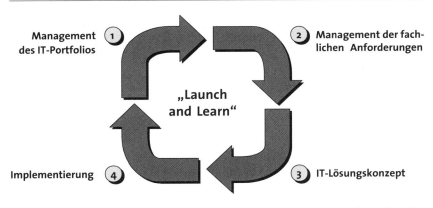

Quelle: Booz Allen Hamilton

Abbildung 26: Managementprozess für E-Government-Projekte

Durch die dargestellte Veränderung des Managementprozesses ergeben sich – gerade im Umfeld der öffentlichen Verwaltung – neue Anforderungen an die Informationstechnologie, die in den folgenden Abschnitten weiter ausgeführt werden. In weiten Teilen fehlen noch immer Standards und existiert nur eine geringe Harmonisierung der IT-Architekturen, primär hervorgerufen durch historisch gewachsene Strukturen sowie durch geringe bestehende Koordinationsmechanismen über Ressorts, Länder und Kommunen. Zudem führt die zunehmende Nachfrage nach IT-Fachkräften mit Know-how bei der Umsetzung internetbasierter Lösungen zu einem steigenden Anteil externer Ressourcen in Projekten des öffentlichen Sektors und damit auch zu Problemen beim Aufbau von institutionalisiertem Know-how.

IT-Architektur für E-Government

Die softwarebasierte Realisierung von E-Government im öffentlichen Sektor erfordert einen gesamtheitlichen Architekturansatz, der eine Integration bestehender Verfahren sowie System- und Anwendungslandschaften mit innovativen Lösungen ermöglicht.

Bestehende IT-Landschaften sind in der Regel durch gewachsene IT-Strukturen charakterisiert (Abbildung 27). Diese zeichnen sich durch eine Vielzahl komplexer Kunden- und Zugangskanalschnittstellen mit der Behörde als dem traditionellen Zugangskanal aus. Die Informationstechnologie ist angepasst und optimiert für zyklische hoch volumige Transaktionsverarbeitung. Zudem ist die Informationssicht produktzentriert. In weiterer Folge kommt es zu erheblichen Realisierungsaufwänden bei der Anpassung an neue fachliche Anforderungen. Vielfach sind noch proprietäre System- und Kommunikationsplattformen, oftmals auf dem technologischen Entwicklungsstand aus den Anfängen der EDV, im Einsatz.

Diese Architektureigenschaften werden den neuen Anforderungen an E-Government-Systeme nicht gerecht. Sowohl die Möglichkeiten zur Erstellung neuer Systeme als auch die Nutzung bestehender Systeme ist durch eine eingeschränkte Flexibilität und hohe Integrations- und Wartungskosten gekennzeichnet. Aus diesem Grund sind bei der Konzeption zukunftsgerichteter IT-Architekturen für E-Government fünf technische Gestaltungsprinzipien zu berücksichtigen (Abbildung 28).

148

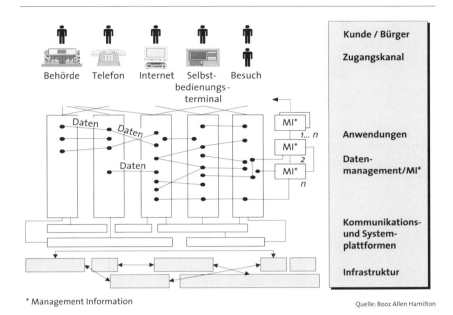

* Management Information

Quelle: Booz Allen Hamilton

Abbildung 27: Gewachsene IT-Architektur

Quelle: Booz Allen Hamilton

Abbildung 28: Gestaltungsprinzipien für E-Government-Lösungen

Durch Berücksichtigung dieser Prinzipien kann eine IT-Architektur geschaffen werden, die den Anforderungen elektronischer Geschäftsprozesse Rechnung trägt. Neben den beschriebenen Gestaltungsprinzipien müssen allerdings zusätzlich die hieraus resultierenden Wirtschaftlichkeitskriterien mit ins Kalkül gezogen werden. Insbesondere sind bei der Wahl der Architektur Migrations- und Integrationskosten in jedem Falle in die Wirtschaftlichkeitsbetrachtung einzubeziehen.

Die Berücksichtigung dieser Eckpunkte führt zu einer modularen Mehrschichtenarchitektur (Abbildung 29). Das Gesamtsystem wird in einzelne Schichten gegliedert, die ihrerseits wiederum aus klar abgegrenzten Einheiten bestehen. Jeder Schicht und jeder Einheit werden eindeutige Funktionalitäten zugewiesen. Durch eine modulare Mehrschichtenarchitektur können die wesentlichen Nachteile bestehender Systeme behoben werden:

• Bereitstellung einer einheitlichen Schnittstelle zum Endbenutzer (Bürger, Unternehmen, öffentliche Verwaltung), unabhängig vom Zugangskanal,

• Optimierung der IT-Architektur zur Realisierung geschäftsvorfallorientierter Prozesse,

• Umsetzung einer kundenzentrierten Informationssicht,

• offene Systemarchitekturen, die eine einfache und kostengünstige Anpassung an neue Anforderungen ermöglichen,

• klare Trennung zwischen volumenorientierten Verarbeitungssystemen und dienstleistungsspezifischen Fachanwendungen.

Derartige modulare Architekturen bilden die Voraussetzungen für E-Government-Lösungen und unterstützen die Umsetzung des beschriebenen „Launch and Learn"-Managementprozesses. Die beschriebenen technischen Gestaltungsprinzipien können damit weiter operationalisiert werden:

• Skalierbarkeit wird durch die Erneuerung oder Erweiterung bestehender Module bei volumenmäßigen Veränderungen der Anforderungen ermöglicht.

• Flexibilität wird durch die funktionale und technische Kapselung in Architekturschichten erzielt, wodurch ein Austausch von einzelnen Modulen/Komponenten erleichtert wird.

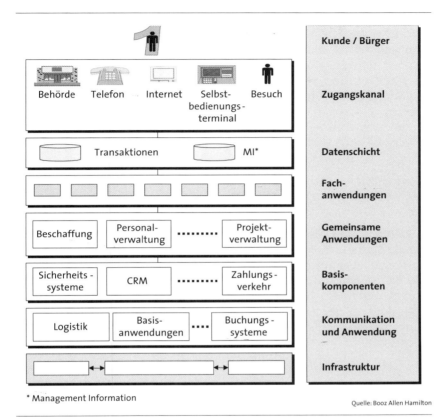

					Kunde / Bürger
Behörde	Telefon	Internet	Selbst-bedienungs-terminal	Besuch	Zugangskanal
	Transaktionen		MI*		Datenschicht
					Fach-anwendungen
Beschaffung	Personal-verwaltung	....	Projekt-verwaltung		Gemeinsame Anwendungen
Sicherheits-systeme	CRM	....	Zahlungs-verkehr		Basis-komponenten
Logistik	Basis-anwendungen	....	Buchungs-systeme		Kommunikation und Anwendung
					Infrastruktur

* Management Information

Quelle: Booz Allen Hamilton

Abbildung 29: IT-Architektur für E-Government-Lösungen

- Durch Wiederverwendung modularer Komponenten wird die Wartung des Gesamtsystems substanziell erleichtert.

- Der gesamtheitliche und konsistente Datenzugriff wird durch die modulare Architektur in Verbindung mit Datenkapselung ermöglicht.

- Eine modulare Architektur bietet die Basis, um für verschiedene Zugangskanäle und Zugriffsebenen die geeigneten Sicherheitsmechanismen implementieren zu können.

Eine wesentliche Voraussetzung für die Umsetzung einer modularen Architektur ist die Verwendung von Standards. Sie unterstützen die Interoperabilität einzelner Komponenten, insbesondere in Bezug auf Datenaustausch, Datenhaltung und Datenpräsentation. Die Definition von Standards darf jedoch kein einmaliger Vorgang sein. Erst durch eine Orientierung an den Entwicklungen des Marktes kann sichergestellt werden, dass in der Verwaltung alle Möglichkeiten der Technik ausgeschöpft und die Interoperabilität mit verwaltungsexternen Systemen hergestellt werden können.

Die dargestellte modulare Mehrschichtenarchitektur kann kurzfristig jedoch nicht umgesetzt werden; bestehende Systeme basieren häufig auf historisch gewachsenen Architekturen und lassen sich nicht ohne massiven Aufwand in modularen Schichten strukturieren.

Im Rahmen von E-Government stellen Schlüsselinvestitionen vornehmlich die Systeme dar, die von mehreren Behörden oder Behördenbereichen in gleicher Form genutzt werden können. Solche *Basiskomponenten* sind dadurch gekennzeichnet, dass sie einmalig zentral bereitgestellt werden sollten. Sie bieten umfangreiches Potenzial zur Nutzung von Economies of Scale. Eine Übersicht ausgewählter Basiskomponenten für E-Government inklusive der spezifischen Funktionalitäten bietet Abbildung 30.

Eine Zahlungsplattform bildet die Voraussetzung für alle Dienstleistungen, die durch Zahlungsströme begleitet werden. Diese Zahlungsströme können zwischen Behörde und Bürger/Unternehmen in beiden Richtungen auftreten, spielen aber auch bei innerbehördlichen Geschäftsprozessen eine wichtige Rolle. Wird eine Zahlungsplattform zentral bereitgestellt, fallen viele Aufwände (Erstellung, Anbindung an die Backend-Systeme, Wartung etc.) lediglich einmalig an. Aus Sicht der dienstleistungsspezifischen Systeme ist ausschließlich die Anbindung an die Zahlungsplattform zu erstellen. Darüber hinaus können durch die Konzentration der Zahlungen auf ein System verbesserte Konditionen bei den Anbietern von Bezahlverfahren (z. B. Kartenprozessoren, Banken) erreicht werden.

Während die meisten Basiskomponenten ohne Verzögerung im Behördenumfeld eingeführt werden können, stellen das Customer-Relationship-Management-System und das Data Warehouse eine derzeit noch zukunftsgerichtete Perspektive dar. Diese Systeme selbst haben in der

Basiskomponente	Funktionalität
Zentrales Zugangsportal	▶ Einheitlicher Einstiegspunkt für alle Dienstleistungen der Verwaltung, die sich an Bürger oder Wirtschaft richten
Zahlungs-plattform	▶ Zahlungsverkehr zur Verwaltung per Kreditkarte, Lastschrift etc. ▶ Übermittlung der Zahlungen bzw. Zahlungsaufträge an Backend-Systeme
Content-Management-System	▶ Verwaltung der auf Webseiten bereitgestellten Informationen ▶ Unterstützung der redaktionellen Bearbeitung von Inhalten (Erstellung, Freigabe etc.)
Datensicherheit	▶ System zum sicheren Austausch von Daten ▶ Bereitstellung von Verschlüsselungs- und Signaturmechanismen ▶ Kommunikation sowohl behördenintern als auch -extern
Customer-Relation-ship-Management-System	▶ Sammlung und Auswertung von Kunden- bzw. Bürgerinformationen ▶ Unterstützung einer bedürfnisgerichteten Interaktion mit dem Bürger
Data Warehouse	▶ Zentrale Sammlung von Datenbeständen aus unterschiedlichen Systemen ▶ Auswertungsmöglichkeit der Daten, ohne auf Produktivsysteme zugreifen zu müssen

Quelle: Booz Allen Hamilton

Abbildung 30: Übersicht Basiskomponenten

Wirtschaft erst in den letzten Jahren eine umfassendere Verbreitung erfahren und erfordern hohe Integrationsaufwände zu den vorhandenen Systemen. Auf Grund der bestehenden IT-Durchdringung in der Verwaltung, die im Vergleich zur Wirtschaft in vielen Teilen noch substanziellen Aufholbedarf aus technologischer Sicht besitzt, erscheint die Möglichkeit einer zügigen Einführung dieser beiden Basiskomponenten kurzfristig nicht gegeben.

Neben den dargestellten Basiskomponenten ist auch die Einführung eines Workflow-Management-Systems in vielen Bereichen als Voraussetzung für die Einführung durchgängiger elektronischer Prozesse zu betrachten. Viele Dienstleistungen im Verwaltungsumfeld bauen auf Formularen auf. Nur durch eine vollständige elektronische Verwaltung und Archivierung dieser Formulare kann E-Government umgesetzt werden, das nicht nur durch Bereitstellung von Oberflächen für den Anwender, sondern durch vollständige elektronische Prozesse gekennzeichnet ist. Allein hierdurch können die geforderten Effizienzsteigerungen und die verbesserte Servicequalität in der Verwaltung erreicht werden.

Während die Basiskomponenten Funktionalitäten darstellen, die für den Anwender unmittelbar ersichtlich sind, gibt es zusätzlich technische Basissysteme, die zur Einführung von E-Government unerlässlich sind. In diesem Zusammenhang kommt der Einführung einer übergreifenden Middleware-Lösung eine besondere Bedeutung zu. Das Middleware-System steuert die Kommunikation zwischen den einzelnen Systemen. Es ist Voraussetzung für die Integration und den gemeinsamen Einsatz bestehender und neu einzuführender Systeme. Durch die Verwendung dieser zentralen Kommunikation wird die allmähliche Ablösung der Altsysteme erleichtert. Modulare neue Komponenten werden an die Middleware-Lösung „angedockt" und lösen auf diese Weise alte Systeme ab.

Management von E-Government-Realisierungsprojekten

E-Government-Realisierungsprojekte sind in der Regel sowohl durch großen Umfang als auch durch einen oftmals nur ansatzweise strukturierbaren Konzeptions- und Entwicklungsprozess gekennzeichnet. Beide Faktoren erhöhen die Gefahr des Scheiterns eines Projektvorhabens (Abbildung 31) und müssen daher im Rahmen des Managements von E-Government-Realisierungsprojekten aktiv angegangen werden.

Management der Größe von Realisierungsprojekten: Zur Beherrschung von IT-Großprojekten ist es notwendig, die Bereitstellungsprozesse direkt an der modularen Architektur zu orientieren. Großprojekte müssen in überschaubare Bereiche von maximal zehn bis zwanzig Personen zerlegt werden, die fachliches und technisches Know-how kombinieren. Die Module sollten möglichst fachlich unabhängig voneinander geschnitten werden. Schnittstellen sollten sowohl technisch als auch fachlich definiert und müssen konsequent berücksichtigt werden.

Neben der Strukturierung des Projekts sollten sich auch die Bereitstellungszeitpunkte der einzelnen Module an der Architektur orientieren. Beispiele für frühzeitig zu erstellende Module sind die angesprochenen Basiskomponenten sowie eine umfassende Middleware-Lösung. Somit

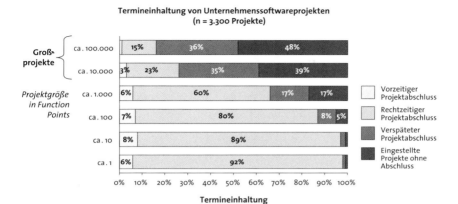

Termineinhaltung von Unternehmenssoftwareprojekten
(n = 3.300 Projekte)

Anmerkung: Durchschnittswerte für Projekte mit 10.000 Function Points: 67 Mitarbeiter, 3,5 Jahre Projektlaufzeit, 2.901 Mitarbeiter-Monate
Vergleichsbeispiele: SAP R/3, ca. 250.000 Function Points; Windows NT, Windows 2000 ca. 100.000 Function Points

Quelle: Capers Jones, Software Assessments, Benchmarks and Best Practices, 2000

Abbildung 31: IT-Großprojekte als Prüfstein des IT-Managements

wird es möglich, dem Endbenutzer zu einem frühen Zeitpunkt Basisfunktionalitäten bereitzustellen. Die Entwicklung von Modulen, die weiter gehende fachliche Logik abbilden, sollte im Anschluss hieran in nachgelagerten Schritten erfolgen.

Management der Unsicherheiten im Entwicklungsprozess: Auch um die Problematik der hohen Komplexität des Entwicklungsprozesses zu beherrschen, ist die modulare Konzeption der Teilprojekte ein entscheidendes Werkzeug. Um die Tragfähigkeit der neuen Technologien und Konzepte zu prüfen, die häufig erst an wenigen Beispielen nachgewiesen wurde, können durch dieses Verfahren in ausgewählten Modulen erste voll funktionsfähige Elemente erstellt werden, die sowohl die Funktionsfähigkeit des Gesamtansatzes belegen als auch als Umsetzungsmodell für parallel arbeitende Teams dienen.

Im Anschluss an diese Vorgehensweise ist eine schnelle Verbreitung des neuen Know-how zu gewährleisten. Sollten sich das gesamte Konzept oder Teile in der Implementierung als nicht tragfähig erweisen, ist es von besonderer Bedeutung, Change-Prozesse verfügbar zu haben, nach denen der eingeschlagene Ansatz angepasst bzw. fortgeschrieben werden kann.

Neben der rein technischen Realisierung der fachlichen Anforderungen ist auch die Beurteilung der fachlich möglichen Wege wichtig. Die IT-Teams müssen bewerten, in welcher Form die fachlichen Anforderungen umgesetzt werden können. In diesem Zusammenhang ist eine enge Zusammenarbeit von fachlichem und technischem Know-how unverzichtbar. Auf diese Weise kann sichergestellt werden, dass zum einen die bestehenden technischen Möglichkeiten optimal ausgeschöpft und zum anderen die Anforderungen aus der Fachlichkeit unter Einbezug technischer Machbarkeitskriterien gesteuert werden.

IT-Organisation für E-Government

Neben der Architektur und dem Projektmanagement bildet eine geeignete IT-Organisation einen weiteren wichtigen Baustein bei der Realisierung von E-Government. Die in der öffentlichen Verwaltung überwiegend noch vorherrschenden starren Organisationsstrukturen sind nur in begrenztem Umfang geeignet, auf fachliche und technische Innovationen mit der hierfür erforderlichen Geschwindigkeit, Flexibilität und Kompetenz zu reagieren. Im Kern bedeutet dies, die historisch gewachsene organisatorische Trennung zwischen fachlichem Know-how aus den Geschäftsbereichen und technischer Umsetzungskompetenz in der Informationstechnologie sukzessive zu verringern. Nur durch dieses organisatorische „Zusammenwachsen" kann der engen Verzahnung von Fachlichkeit und Technologie im E-Government Rechnung getragen werden.

Know-how innerhalb der Organisation muss ständig erneuert und ausgetauscht werden – dies ist schwer mit einem über Jahre hinweg gleichen Personalstand zu erzielen. Besonders in der Verwaltung stellt dieser Punkt eine ernst zu nehmende Problematik dar, da die Wechselmöglichkeiten für Beamte und Angestellte des öffentlichen Dienstes eingeschränkt sind und in der Regel keine Berufserfahrungen aus der Wirtschaft „on the job" gesammelt werden können.

Ein weiteres Problem des öffentlichen Sektors besteht in den Anreizsystemen, die sich deutlich von denen der Privatwirtschaft unterscheiden. Bestehende Anreizsysteme des öffentlichen Sektors ermöglichen kaum die flexible Verhandlung von Kompensationssystemen oder Karrierepfaden. Dies führt im heutigen Markt zu Schwierigkeiten bei der Rekrutierung von IT-Spezialisten. Fachkräfte mit Erfahrungen bei der Umsetzung von Internet-Technologien und großen E-Business-Programmen sind rar gesät und teuer.

Aus diesen Gründen erscheint eine Neuorganisation der IT-Bereitstellung notwendig. Zur Ablösung der vielfach bestehenden dezentralen internen Bereitstellung von IT-Systemen bieten sich grundsätzlich vier Optionen an (Abbildung 32).

Für jede der vier Organisationsformen können Vor- und Nachteile benannt werden.

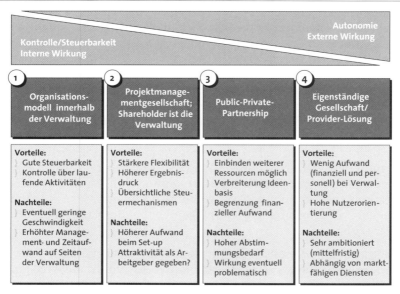

Quelle: Booz Allen Hamilton

Abbildung 32: Optionen für Organisationsformen

1. Organisationsmodell innerhalb der Verwaltung: Eine (zentralisierte) Einheit innerhalb der Verwaltung ist für Umsetzung und Betrieb verantwortlich. Es können Kenntnisse in Spezialbereichen aufgebaut und Kostenvorteile gegenüber externen Dienstleistern erzielt werden. Durch die interne Bereitstellung von Wissen lässt sich weiterhin die Gefahr der Abhängigkeit zu externen Anbietern reduzieren. Da die Beschäftigungssituation der Mitarbeiter auch weiterhin durch ein behördliches Umfeld mit den oben beschriebenen Besonderheiten geprägt ist, können innovative Anreizsysteme und attraktive Gehälter jedoch nur bedingt eingesetzt werden.

2. Projektmanagementgesellschaft mit Beteiligung der Verwaltung: Aus den bestehenden Verwaltungsstrukturen wird eine Einheit ausgegliedert und gegebenenfalls privatrechtlich organisiert, wobei jedoch keine weiteren (privaten) Gesellschafter beteiligt sind. Die IT-Organisation gewinnt dadurch an Flexibilität.

3. Public-Private-Partnership: Unter Beteiligung der öffentlichen Hand und privater Kooperationspartner wird eine eigene Gesellschaft gegründet. Durch den rechtlichen Rahmen eines privatwirtschaftlichen Unternehmens verbessern sich die Chancen, hoch qualifizierte IT-Mitarbeiter zu gewinnen und eine kulturelle Umgebung vergleichbar mit privatwirtschaftlichen IT-Dienstleistern zu schaffen. Auch eröffnet sich die Möglichkeit, als Dienstleister für andere Behörden oder Unternehmen aufzutreten. Durch die Internalisierung des Risikos entfallen die zusätzlichen Prämien für externe Dienstleister. Eine Neugründung gleicht allerdings einem organisatorischen Paradigmenwechsel. Mitarbeiter müssen aus der bestehenden Organisation herausgelöst und in ein neues Umfeld mit einer neuen Kultur und neuen Anreizsystemen integriert werden. Das Gleiche gilt für neue Mitarbeiter. Solche massiven Veränderungen sind grundsätzlich mit einem hohen Risiko verbunden und erfordern eine umfassende Vorbereitung sowie eine professionelle Managementunterstützung.

4. Eigenständige Gesellschaft/Provider-Lösung: Der Betrieb der E-Government-Lösungen wird an eine externe Gesellschaft fremdvergeben, an der die öffentliche Hand nicht beteiligt ist. Bei einer Outsourcing-Lösung besteht der wesentliche Vorteil darin, dass sich die Behörde auf ihre Kernkompetenzen im hoheitlichen Bereich konzentrieren

kann. Der Spezialisierungsvorteil externer Dienstleister kommt in dieser Organisationsform voll zum Tragen. Diesem Vorteil stehen hohe Kosten durch das ausgelagerte Risiko gegenüber. Zusätzlich besteht die große Gefahr, interne Kompetenzen zu verlieren und dadurch Abhängigkeiten zu einzelnen Unternehmen aufzubauen, die zu erhöhten Preisen und dementsprechend auch Kosten führen können.

Handlungsempfehlung

Durch die zunehmende Verbreitung und Nutzung von Internet-Technologien werden E-Government-Projekte in den Kernbereich der zukünftig zu realisierenden IT-Projekte des öffentlichen Sektors vordringen. Auf diese Weise werden sie immer stärker zum Prüfstein eines erfolgreichen IT-Managements. Die Anforderungen der Anwender an die zu realisierende Lösung nehmen kontinuierlich zu. Beispiele hierfür bilden die Verkettung von Geschäftsprozessen, der höhere Automationsgrad und die Anforderungen an Integration. Die Ergebnisverantwortung für die technologische Umsetzung von E-Government-Projekten liegt nicht mehr nur im IT-Bereich, sondern schließt die Verantwortungsträger der Geschäftsbereiche mit ein. Hinzu kommen die wachsenden technischen Anforderungen (z. B. Anwendungsintegration) und die Verfügbarkeit innovativer technologischer Möglichkeiten von E-Government-Projekten. Steigende Investitionsvolumina und Realisierungszeiträume sowie die entsprechende Ressourcenbindung in der Behörde machen den erfolgreichen und fristgerechten Abschluss der E-Government-Großprojekte häufig zu einem kritischen Faktor. Der Handlungsdruck auf das IT-Management nimmt damit zu; gleichzeitig wächst auch das Risiko von zum Teil gravierenden Zielabweichungen mit der zunehmenden Größe der Projekte.

Die Folge ist ein substanzieller Komplexitätszuwachs auf drei Ebenen beim Management der Projekte:

1. *Architektur und Technologie:* In der Regel existieren nur begrenzte Erfahrungen mit den neuen Technologien. Als Folge hieraus zeigt sich häufig ein „Auseinanderdriften" von Fachlichkeit und technologischer Plattform, wobei Performance-Engpässe und Verfügbarkeitslücken nur sehr schwer prognostizierbar sind.

2. *Entwicklungsvorgehen und Prozesse:* Oftmals existiert keine Möglichkeit zum schrittweisen Aufbau von Erfahrungen mit den neuen Technologien und den damit verbunden Entwicklungsverfahren. Die überwiegend im Einsatz befindlichen Vorgehensmodelle sind nur unzureichend auf die Anforderungen innovativer Projekte ausgerichtet (z. B. Versions- und Konfigurationsmanagement).

3. *Steuermechanismen und Organisation:* Das Management von E-Government-Realisierungsprojekten wird oftmals durch unzureichend operationalisierte oder unvollständige Projektziele zusätzlich erschwert. Orientiert sich darüber hinaus das Projektmanagement nicht stringent an geeigneten Verfahren für innovative Großprojekte, steigt das Risiko von Überschreitungen der angestrebten Zielparameter deutlich und kann im Extremfall zum vollständigen Abbruch des Vorhabens führen.

Um alle Ebenen abdecken zu können, sind neue Managementkonzepte erforderlich. Erfolgreiches Management von E-Government-Implementierungsprojekten umfasst in diesem Kontext fünf Erfolgsfaktoren:

1. klare Projektbeauftragung und „Sponsorship",

2. Komplexitätsreduktion durch Zerlegung der Gesamtaufgabe in beherrschbare Schritte,

3. fokussiertes, umsetzungsorientiertes Architektur- und Technologiemanagement,

3. steuerbare Projektorganisation, getragen von Supportfunktionen wie Projektbüro, Qualitätssicherung und Architekturstelle,

5. strukturierter Aufbau, Bindung und Kontrahierung von Technologie- und Managementkompetenz sowie der entsprechenden Ressourcen.

10 Realisierungsstrategien

Angesichts der Vielzahl praktischer Ansätze für E-Government-Initiativen, die sowohl in Deutschland als auch im Ausland zu beobachten sind, drängt sich zunächst der Eindruck einer scheinbar unüberschaubaren Zahl von unterschiedlichen, mehr oder weniger strategisch ausgerichteten Vorgehensweisen auf: Auf kommunaler Ebene werden virtuelle Rathäuser und Bürgerämter geschaffen, landesweite Amts- und Regierungsführer stellen sich online auf und lebenslagenorientierte Formularserver werden eingerichtet.

Mit diesem Abschnitt wird der Versuch unternommen, eine Typologie behördenübergreifender bzw. landesweiter Strategieoptionen vorzunehmen und die jeweiligen Vor- und Nachteile zu diskutieren. Dazu wird auf den internationalen Beispielen aus Kapitel 4 „Wege zu E-Government im internationalen Vergleich" aufgebaut. Wie bereits argumentiert, gibt es kein einzelnes Erfolgsrezept für E-Government. Keineswegs ist daher beabsichtigt, eine der hier als idealtypisch herauszuarbeitenden Optionen als die allein gültige Lösung für ein Land herauszustellen. Die Diskussion der Optionen soll lediglich zu Überlegungen anregen, welche Kombinationen strategischer Stoßrichtungen für Länder, Regionen und Kommunen vorteilhaft sein könnten und welche Akteure und Entscheidungsebenen hierfür involviert werden müssen. Dabei finden die Herausforderungen von Ländern mit föderaler Struktur (mithin die besonderen Problemstellungen, die sich aus Hoheitsrechten und notwendigen Abstimmungsprozessen ergeben) besondere Berücksichtigung. Die konkrete Vorgehensweise für E-Government auf der Ebene einzelner Projektträger, für die sich dagegen schon heute eine erfahrungsgestützte Best-Practice-Empfehlung geben lässt, wird in Kapitel 11 „Von der Idee zur Anwendung" diskutiert.

Drei idealtypische Strategien lassen sich aus den bislang diskutierten Ansätzen für E-Government unterschiedlicher Regierungen herausarbeiten: Push-, Pull- und Facilitation-Strategie.

Push-Strategie

Eine Push-Strategie für E-Government ist durch eine sehr umfassende Rolle der nationalen Regierung in Planung, Durchführung und Kontrolle der entsprechenden Aktivitäten gekennzeichnet. Idealtypische Merkmale sind z. B.:

• Hinsichtlich E-Government besteht eine eindeutige, unmissverständliche politische Prioritätensetzung.

• Zentrale Planung für koordinierten Aufbau: Die planerische Gesamtzuständigkeit für E-Government liegt bei der nationalen Regierung in einem spezifischen Verantwortungsbereich mit entsprechender Durchgriffsmöglichkeit auf alle Verwaltungsebenen.

• Weiter reichende zentrale Vorgaben für Gestaltung, Umsetzung und Prioritätensetzung: Ausgehend von einer dedizierten landesweiten Vision für E-Government werden Dienstleistungsspektrum, Anwendungsportfolio sowie ressort- und behördenübergreifende Prozesse zentral geplant und priorisiert und Umsetzungsvorgaben erlassen.

• Zentrale Steuerung der eigentlichen Internet-Auftritte: Zentrale Vorgaben können sich bis auf die Gestaltungsrichtlinien für Internet-Auftritte erstrecken. Einheitliche Portfolios (z. B. für kommunale Dienstleistungen) werden „top down" entwickelt und vorgeschrieben. Einzelressorts und lokale Einheiten haben keinen oder sehr beschränkten Gestaltungsspielraum.

• Zentrale Kontrolle der Umsetzung mit konsequentem Monitoring: Alle Projekte, Prozesse und Vorhaben werden zentral fortlaufend auf Zielerreichung überprüft, aber auch mitfinanziert.

• Integriertes Vorgehen: „Wettbewerb" zwischen Behörden oder Kommunen ist weitgehend ausgeschlossen.

• „Matrixorganisation" für E-Government in der nationalen Regierung: Es werden Funktionen geschaffen, die ressortübergreifend E-Government verantworten, z. B. „E-Minister", „e-Envoy", „Federal CIO".

• Aufbau und Betrieb eigener Infrastruktur für E-Government: Die Regierung selbst betätigt sich als Infrastruktur-Provider und baut landesweite eigene Netze, Zertifizierungsstellen, Trust Center und IT-Infrastruktur auf. Einheitliche Datenmodelle, die in allen Ressorts und regionalen Einheiten Anwendung finden, werden zentral festgelegt.

Der größte (theoretische) Vorteil einer gedachten reinen Push-Strategie liegt in der Chance, die Dinge sehr schnell zu bewegen und eine Gesamtvision effizient umzusetzen. Kurze Entscheidungswege sowie die Möglichkeiten zusammenhängender Lösungen (z. B. ressortübergreifende, einheitliche Datenmodelle und Identifizierungsnummern) erlauben – gleichsam aus der Vogelperspektive – eine integrierte Gesamtlösung für E-Government. Ressourcenvergeudung, wie bei einer später notwendigen Integration einzelner Insellösungen, wird hier von vorneherein minimiert. Steuerungs- und Kontrollmöglichkeiten sind sehr weit reichend und erlauben ein schnelles Intervenieren, wenn Verzögerungen oder Probleme auftreten.

Einmal abgesehen davon, dass eine reine Push-Lösung vor dem Hintergrund deutscher Rahmenbedingungen politisch weder wünschenswert noch durchsetzbar wäre, gibt es auch einige bedeutende praktische Nachteile. Ein reines Top-down-Vorgehen, wie es hier skizziert wurde, verzichtet systembedingt auf einen planerischen und gestalterischen Input „von unten nach oben". Die gestalterische Kraft, die etwa aus einer produktiven konkurrierenden Betätigung einzelner Verwaltungseinheiten untereinander entsteht, kann hier nicht wirken. Weiterhin besteht die Gefahr, dass lediglich Standardlösungen – basierend auf einem vordefinierten Aufgaben- und Angebotsportfolio – zum Einsatz kommen und individuelle oder strukturelle Unterschiede, etwa auf interkommunaler Ebene, zu wenig berücksichtigt werden. Mangelnde Einbeziehung der an E-Government generell beteiligten Akteure kann überdies dazu führen, dass Lösungen an den Bedürfnissen des „Marktes" (an Bürgern, Unternehmen und ihren Organisationen) vorbei entwickelt werden. Das Potenzial von E-Government, innovative Lösungen für staatliche Dienstleistungen hervorzubringen – auch überkommene Vorgehensweisen und Verwaltungsprozesse in Frage zu stellen –, ist mit einer reinen Push-Strategie nur sehr schwer auszuschöpfen.

Der internationale Vergleich zeigt, dass Ansätze, die einer idealtypischen Push-Strategie nahe kommen, in föderal strukturierten Staaten nicht angewendet werden (können). Nur relativ kleine Länder wie Finnland und Stadtstaaten wie Singapur sowie in geringerem Umfang Landes- und kommunale Initiativen in Deutschland verfolgen weitgehende

Push-Ansätze beim E-Government. In den föderalen Strukturen Deutschlands sind von oben verordnete E-Government-Ansätze über alle Ebenen nur bedingt durchsetzbar.

Pull-Strategie

Die reine Pull-Strategie zeichnet sich generell durch eine eher abwartende, reaktive Haltung der nationalen Regierung aus. Sie hat folgende Merkmale:

- Reaktives Vorgehen bei zentraler Gesetzgebung und Steuerung: keine antizipierende Gesetzgebung und Standardsetzung.

- Aktivitäten entstehen markt- und nachfrageorientiert: Kommunen und Landesbehörden reagieren auf – empfundene oder artikulierte – Nachfrage der Bürger und Unternehmen; landesweite Verwaltungseinheiten reagieren auf die Anforderungen lokaler Einheiten und auf marktseitige, privatwirtschaftlich initiierte Impulse.

- Wettbewerbsorientiertes Verhalten dominiert über abgestimmte gemeinsame Vorgehensweisen (die besten Lösungsansätze kristallisieren sich über den Marktmechanismus heraus).

- Unterschiedliche Insellösungen und Keimzellen überwiegen: Die entwickelten Initiallösungen werden individuell auf die ressortspezifische oder lokale Nachfragelage ausgerichtet; ressort- oder interkommunal/regional übergreifende Ansätze fehlen – zumindest anfänglich.

- Typischerweise fehlt eine Gesamtvision für E-Government: Auf der Ebene der nationalen Regierung existiert ausschließlich, wenn überhaupt, eine übergreifende Vision davon, was E-Government auf allen Ebenen leisten kann und soll oder wie ein zukünftiges E-Government-Portfolio auf kommunaler, bundesstaatlicher und nationaler Ebene aussehen wird; eine politische Flankierung durch operative Maßnahmen und finanzielle Unterstützung erfolgt nicht.

- Dezentrale organisatorische Verankerung in der Regierung: Es existiert keine funktionale Zuständigkeit oder Verantwortlichkeit in der Regierung; alle Aktivitäten werden in den bestehenden Ressorts und Verwaltungseinheiten unabhängig verantwortet.

Der reine Pull-Ansatz einer Regierung überlässt alle Initiativaktivitäten nachgeordneten Verwaltungseinheiten und Behörden sowie dem freien Spiel der Kräfte. Von den Einzelinitiativen wird erwartet, dass sie landesübergreifende Aktivitäten (Gesetzgebung, Standardisierung oder Unterstützung der Abstimmungsprozesse) einfordern. Zukunftsorientierte Strategieentwicklung und Planung werden hierbei stark vernachlässigt. Typischerweise werden anfänglich schnelle, aber weitgehend kosmetische Insellösungen erstellt, während die grundlegende Auseinandersetzung mit schwierigen, langfristig aber Erfolg versprechenden Vorgängen nachrangig in Angriff genommen wird. „Pull" schließt ein, dass bei entsprechender kritischer Masse von Teillösungen integrative Maßnahmen für übergreifende Anwendungen durchaus aufgegriffen und verfolgt werden. Doch die anfänglich mangelhafte Abstimmung führt zu einem sehr großen Aufwand und zu hohen Kosten, wenn unterschiedliche Datenmodelle, Schnittstellendefinitionen etc. zwischen Anwendungen und Prozessen und eventuell unterschiedliche neue Netzwerk-, Hardware- und Systemtopologien zu integrieren sind.

Ein Vorteil des Pull-Ansatzes ist unbestrittenermaßen, dass er systemimmanent am Puls der Nachfrage agiert. Im Idealfall kommt somit lokal bzw. auf nachgeordneten Arbeitsebenen das Wissen der Mitarbeiter über die individuellen Bedürfnisse der Kunden zum Tragen.

Facilitation-Strategie

Im Facilitation-Ansatz übernimmt der Staat die Rolle eines Moderators und Förderers. Typischerweise existieren grundlegende Visionen und Umsetzungskonzepte, was E-Government in Zukunft leisten und wie E-Government etabliert werden soll. Generelle Zielsetzungen und Empfehlungen werden formuliert, die Zielerreichung jedoch delegiert und Entscheidungskompetenz bei den bisher zuständigen Akteuren belassen. Im Einzelnen zählen zu den Hauptmerkmalen der Facilitation-Strategie:

- Die nationale Regierung versteht sich als Schrittmacher und Förderer der Aktivitäten: Ausgehend von einer generellen Vision werden Zielsetzungen und Empfehlungen formuliert. Die Umsetzung liegt hauptsächlich in der Hoheit und Kompetenz von Ressorts, regionalen Einheiten und bei autonomen Initiativen.

- Zuständigkeiten sind zentral und/oder dezentral ausgelegt.

- Zentrale Bereitstellung von Know-how: Ein zentraler Punkt des Facilitation-Ansatzes liegt in der Förderung von Lernen und dem Austausch von Best Practices. Ein zentrales „Wissensmanagement" kann dabei einzelnen zuständigen Stellen helfen, bereits anderenorts gemachte Fehler zu vermeiden und praktikable Lösungen zu übernehmen. Des Weiteren unterstützt es die Ableitung von Standards und allgemeinen Lösungsansätzen.

- Service-Locator-Dienstleistungen für Einzelressorts, Bundesstaaten und Kommunen: Hinsichtlich des Internet-Auftritts nach außen kann der (zentrale) Staat mit Navigationshilfen die Auffindbarkeit von individuellen Anlaufpunkten für E-Government-Kunden fördern und diese in einem höheren Maße vernetzen.

- Bereitstellung von (Modell-)Richtlinien und Empfehlungen: Ohne rechtsverbindlichen Anspruch kann die Nationalregierung Handlungsempfehlungen aussprechen, Gutachten und Machbarkeitsstudien in Auftrag geben sowie Modellanwendungen (Blueprints) bereitstellen; Bundesstaaten können sie direkt oder an ihre Bedürfnisse angepasst übernehmen. Gleiches gilt für Bundesstaaten, die ihren Kommunen Modelllösungen empfehlen.

- Eingeschränktes Monitoring und Fortschrittskontrolle: Ein Monitoring der Zielerreichung kann im Facilitation-Modell nur oberflächlich und ohne formalisiertes Berichtswesen sowie Sanktionen erfolgen. Beispiele für Aktivitäten zur Feststellung der erreichten Fortschritte sind Städtewettbewerbe oder internationale Vergleichsstudien (Benchmarking).

- Zentral steuernde Aktivitäten bei Infrastruktur und rechtlichen Rahmenbedingungen: Der Staat beschränkt zentral gesteuerte Maßnahmen idealerweise auf die Förderung der Verbreitung von Internet-Zugängen in allen Bevölkerungsgruppen (und Regionen) wie auch in der Verwaltung selbst. Weiterhin setzt er die rechtlichen Rahmenbedingungen, die den reibungslosen Ablauf von E-Government unterstützen und Vertrauen schaffen.

- Monetäre Anreize schaffen: Durch Mitfinanzierung, Zuwendung und Bereitstellung von Mitteln für innovative, zukunftsträchtige Lösungen werden richtungsweisende Impulse geliefert.

Die Facilitation-Strategie erscheint auf den ersten Blick als voll kompatibel mit föderalen Staatsstrukturen, wie sie z. B. in Deutschland vorliegen. In der reinen Form angewendet (alles Zentrale hat nur einen Empfehlungscharakter, die gesamte Entscheidungskompetenz liegt bei Ressorts, Bundesstaaten und auf lokalen Ebenen) nutzt sie jedoch nicht alle Steuerungs- und Umsetzungsmöglichkeiten, die sich in einem föderalen Staat bieten. Zwar hat die Regierung die Möglichkeit, initiativ tätig zu werden sowie Diskussionen in Gang zu bringen; sie kann jedoch nicht die Umsetzung von als entscheidend angesehenen Maßnahmen forcieren.

Das nachfolgende Abbildung 33 fasst die drei Strategieoptionen noch einmal zusammen.

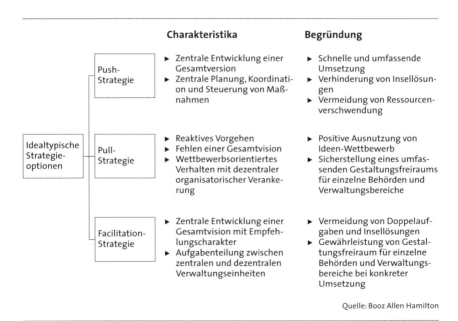

Abbildung 33: E-Government-Strategieoptionen

Handlungsempfehlung

Die Wahl von Realisierungsstrategien zur breiten und konsistenten Umsetzung von E-Government auf unterschiedlichen Ebenen sollte auf einer Ist-Beurteilung von (politischen) Rahmenbedingungen und bis dato verfolgten, nicht notwendigerweise koordinierten E-Government-Ansätzen fußen.

Die Frage ist nicht, welche einzelne Strategieoption die beste für ein Land ist: Die Fallstudien aus Kapitel 4 zeigen, dass sie alle zunächst als gleich wichtig und Erfolg versprechend zu betrachten sind. Um das volle E-Government-Potenzial möglichst rasch und unter Einhaltung von Effizienzgrundsätzen nutzen zu können, müssen Komponenten aus jeder der Optionen unter übergreifender Sichtweise zum Einsatz kommen. Insbesondere gilt es, die entwickelten Strategieoptionen zu operationalisieren – und zwar auf allen Ebenen der Verwaltung und unter Einbeziehung der beteiligten Akteure.

Verantwortung muss definiert werden. Aktionspläne müssen aufgestellt und je nach Ebene mit übergreifenden Plänen abgestimmt werden. Konkrete Visionen für E-Government müssen politisch getrieben entstehen (Push), sollten aber auf Arbeitsebene von Beginn an von Verwaltung und Wirtschaft begleitet, laufend konkretisiert und anhand gelernter Erfahrungen verbessert werden (Pull). Aus der fortschreitenden Schaffung konkreter E-Government-Angebote und -Lösungen müssen Lerneffekte erzielt und diese systematisch erfasst und für alle Akteure nutzbar gemacht werden, um einen ressourcenschonenden Lernkreislauf zu etablieren (Facilitation). Als besonders wichtig und aussichtsreich erscheint in diesem Fall der Aufbau eines zentralen Wissensmanagements, das allen E-Government-Verantwortlichen und Akteuren zur Verfügung gestellt wird.

Dies alles ist selbst in einem bestehenden föderalen Verwaltungsgefüge möglich. Abstimmungsgremien zwischen Ressorts, Ländergremien zum Austausch von Best Practices auf Arbeitsebene, Entwicklung von E-Government-Modulen durch die Länder für die Kommunen (die quasi als „plug-in" in kommunale E-Government-Lösungen integriert werden können und direkt auf Länderprozesse zugreifen), Empfehlungen mit konkret herausgearbeiteten Vorteilen statt Überstülpen von Lösungen per Dekret und zur Verfügungstellung von Best Practices über ein Wis-

sensmanagementsystem sind nur einige Beispiele für Erfolg versprechende Steuerungsmittel auf dem Weg zum E-Government, die bisher
in Deutschland zu wenig genutzt werden.

Die Regierung sollte treiben und steuern, wo sie darf *(push = anstoßen)*, fördern, wo sie kann *(pull = bedienen und bedienen helfen)*, und moderieren, wo
immer es möglich ist.

11 Von der Idee zur Anwendung

Im Allgemeinen stehen Politiker und Verwaltungsspitzen der Idee des E-Government positiv gegenüber und wollen auch in ihrem Aufgabenbereich Qualität und Effizienz des eigenen Handelns durch den Einsatz von Internet-Technologie steigern. Schnell finden sie sich dann jedoch mit einer Frage konfrontiert: Wo ist anzusetzen und wie ist vorzugehen?

Auf Grund der Erfahrung mit einer Vielzahl von E-Government Projekten hat Booz Allen Hamilton konkrete Vorgehensweisen entwickelt, wie für das E-Government Konzepte erarbeitet und umgesetzt werden können. Im Folgenden soll hierfür stellvertretend eine grundsätzliche Vorgehensweise aufgezeigt werden. In der Praxis ist diese den jeweils entsprechenden Anforderungen und Bedürfnissen des Landes, der Region oder der Kommune anzupassen.

Erfolgsfaktoren

Bereits zum Projektstart – noch bevor man sich Gedanken zur Vorgehensweise der zu bewältigenden Aufgabe macht – müssen sechs Erfolgsfaktoren berücksichtigt bzw. geschaffen werden, die für eine wirkungsvolle Einführung von E-Government-Konzepten kritisch sind (Abbildung 34).

Der wichtigste Erfolgsfaktor ist zunächst einmal das Vorliegen oder Erarbeiten einer übergreifenden Strategie. Spontane Einzellösungen sind zu vermeiden zu Gunsten einer zielgerichteten Dachstrategie. Gesetzte Ziele werden schrittweise und durch vorab priorisierte Maßnahmen erreicht. Ein Benchmarking mit anderen Regionen, Ressorts oder Funktionen anhand vergleichbarer Kennzahlen kann bei der Ope-

1 Strategie	▸ Dachstrategie statt „spontaner" Einzellösungen ▸ Aktivitäten durch zielgerichtete und anforderungsgerechte finanzielle Unterstützung vorantreiben ▸ Gesetzte Ziele schrittweise und konsequent realisieren ▸ Benchmarking mit anderen Regionen, Ressorts oder Funktionen anhand vergleichbarer Kennzahlen ▸ Aus eigenen und den Fehlern anderer lernen
2 Klare Verant-wortlichkeiten	▸ Maßnahmen ressortübergreifend koordinieren und bündeln, bisherige Projekte evaluieren, Verzahnung mit anderen Strategien berücksichtigen ▸ Gesamt- und Einzelverantwortlichkeiten klar definieren ▸ Monitoring-Konzepte entwickeln
3 IT-Infrastruktur	▸ Standards in der Datenhaltung und in der Vernetzbarkeit von IT-Systemen, um eine Vernetzung der virtuellen Verwaltungen zu gewährleisten ▸ Auf bestehende (bundesweite) Standards setzen oder Standards abgestimmt entwickeln (helfen) ▸ Projekte zum Ausbau einer leistungsfähigen IT-Infrastruktur besonders priorisieren (Enabler-Projekte)
4 Prozesse	▸ Prozesslandschaft erleben und in umfassendes Prozessmodell einfügen ▸ Kundenorientierte Neugestaltung und Reorganisation
5 Rahmen-bedingungen	▸ Einsatz digitaler Signatur vorantreiben ▸ Bildung, Medienkompetenz, Kommunikationsinfrastruktur aufbauen ▸ Geeigneten finanziellen Rahmen zur Verfügung stellen
6 Kooperation	▸ Public-Private-Partnerships fördern ▸ Regelmäßiges Feedback der Bürger und der Wirtschaft zu Regierungsmodernisierungen durch Befragung und gezielte Forschung ▸ Durchgängigkeit der Kommunikation zwischen verschiedenen Verwaltungsbereichen, zu anderen Behörden, Ebenen und zu den Bürgern sicherstellen ▸ Expertise und Know-how aus Wirtschaft und Wissenschaft systematisch nutzen

Quelle: Booz Allen Hamilton

Abbildung 34: Kritische Erfolgsfaktoren für die Entwicklung von E-Government-Konzepten

rationalisierung von Projektzielen und beim Erarbeiten von realistischen Vorgaben helfen; zudem erleichtert es das Verfolgen der Zielerreichung.

Ferner kann ein E-Government-Konzept nur erfolgreich umgesetzt werden, wenn es konsequent und mit Nachdruck verfolgt wird. Dazu gehört auch, dass Zuständigkeiten und Verantwortlichkeiten klar definiert und mittels Monitoringkonzepten einerseits unterstützt und andererseits überwacht und gesteuert werden. Viele E-Government-Initiativen kranken daran, dass verschiedene Stellen in die Konzeptentwicklung involviert sind, keiner jedoch über eine umfassende Verantwortung (und damit auch Entscheidungsgewalt) verfügt. So sind auf Länderebene in Deutschland nicht selten Staatskanzlei, Innen- und Wirtschaftsministerium beteiligt und ringen um die Federführung.

Ein weiterer wichtiger Erfolgsfaktor ist die IT-Infrastruktur. Ihre Leistungsfähigkeit und Flexibilität bestimmt direkt und wesentlich den Erfolg von E-Government. Projekte zum Ausbau einer leistungsfähigen IT-Infrastruktur müssen priorisiert werden, da sie häufig die Basis für Umsetzungsprojekte darstellen und diese meist erst überhaupt ermöglichen.

Zudem reicht es nicht, vorhandene Geschäftsprozesse bzw. Verwaltungsabläufe einfach elektronisch abzubilden. Eventuelle Redundanzen oder Doppelgleisigkeiten werden dadurch erst richtig einzementiert. Zentral ist erfolgreichem E-Government vielmehr die zeitlich vorausgestellte Erfassung, Dokumentation und Neugestaltung bzw. Vereinfachung der zugrundeliegenden Abläufe.

Weiterhin muss die Regierung, wie auch die agierende Behörde, im Rahmen ihrer Möglichkeiten aktiv günstige Rahmenbedingungen setzen, um so schnell und konsequent die Voraussetzungen für E-Government zu schaffen. Gesetze oder Verordnungen sind gegebenenfalls anzupassen. In den Anwendungskonzepten muss z. B. die digitale Signatur frühzeitig berücksichtigt werden, aber auch die Aus- und Weiterbildung der Mitarbeiter und die Bereitstellung von Finanzmitteln müssen sichergestellt sein.

Schließlich ist Kooperation über alle Ebenen und mit allen beteiligten Interessengruppen wichtig. Dazu zählen primär die durchgängige Kommunikation und die Abstimmung zwischen verschiedenen Verwaltungsbereichen, aber insbesondere auch Public-Private-Partnerships und generell die Einbeziehung von privaten Unternehmen bei der Erstellung, der Einführung und dem Betrieb von E-Government-Lösungen. Selten verfügt die öffentliche Hand über das notwendige Know-how zur Einführung und zum Betrieb von internetgestützten Anwendungen. Dies muss von privaten Unternehmen eingekauft oder durch Kooperationsabkommen verfügbar gemacht werden.

Ebenso wesentlich ist Informationstransparenz, also die Information der Bürger und Unternehmen, aber auch der Verwaltungsangestellten über die Vorhaben und den Stand der Umsetzung – wie auch die laufende Einbeziehung der Meinungen und Anforderungen der Bürger und Unternehmen, z. B. durch Befragungen und gezielte Forschung.

Projektvorgehen

Bei der Einführung von E-Government-Konzepten muss systematisch vorgegangen werden. Booz Allen Hamilton hat eine idealtypische Vorgehensweise erarbeitet, bestehend aus sieben Prozesschritten. Diese Vorgehensweise ist in Abbildung 35 dargestellt.

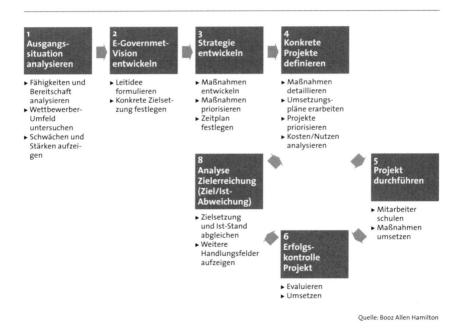

Quelle: Booz Allen Hamilton

Abbildung 35: Durchführen eines E-Government-Projekts

Als Initialschritt werden in der ersten Arbeitsphase Fähigkeiten und die Bereitschaft für E-Government in der projekttragenden Organisation analysiert. Drei Untersuchungsschritte sind primär in der ersten Arbeitsphase abzuhandeln: Erstens erfolgt eine grobe Bestandsaufnahme bestehender Projekte und Grundlagen. Dazu zählt auch eine Bestandsaufnahme der Positionen und des politischen Willens der beteiligten Entscheidungsträger und der neben- und übergeordneten Institutionen. Zweitens werden die eigenen Stärken und Schwächen hinsichtlich der E-Government-Fähigkeiten untersucht. Drittens werden Best-Practice-Untersuchungen durchgeführt und das „Wettbewerbsumfeld" (andere Länder, extern behördenübergreifend, intern funktionsübergreifend) analysiert. Die Ergebnisse der Analyse der Ausgangssituation dienen als Grundlage für die häufig politisch geprägte Willensbildung in Phase 2, in der es darum geht, eine konkrete E-Government-Vision zu entwickeln. Ziel ist hier, festzulegen, welche Ansprüche an das eigene zukünftige E-Government-Leistungsportfolio gestellt werden, und diese in Form einer Leitidee festzuschreiben. Daraus werden konkrete Zielvorgaben für E-Government-Aktivitäten abgeleitet. Im Anschluss hieran werden grob die strategischen Stoßrichtungen erarbeitet, die zur Realisierung der E-Government-Vision notwendig sind.

Die Hauptarbeit bei der Konzeptentwicklung ist sicherlich in der Definition und der anschließenden Priorisierung geeigneter Umsetzungsprojekte zu sehen. In der Realität sind stets auch bereits laufende oder geplante Projekte zu berücksichtigen. Spätestens mit der systematischen Bestandsaufnahme aller Dienstleistungen bzw. onlinefähiger Dienstleistungen wird eine Reihe von potenziellen (Einzel-)Projekten definiert, die nach diversen Optimierungskriterien bewertet und systematisch priorisiert werden müssen. Es empfiehlt sich, bereits laufende bzw. geplante Projekte in die Gesamtbetrachtung einzubeziehen. Es gibt jedoch Situationen, in denen eine Vorabuntersuchung der bestehenden Projekte sinnvoll sein kann (besonders bei einer großen Zahl laufender Projekte bzw. bei besonders hohem Projektaufwand). Im Rahmen eines solchen „pre-check" empfiehlt es sich, die Projekte hinsichtlich des erforderlichen Aufwandes und des Zielbeitrages, den sie versprechen, abzuschätzen. Booz Allen Hamilton hat dazu ein „project mapping tool" entwickelt (Abbildung 36).

Mit Hilfe dieses Projektbeurteilungs- und -priorisierungsinstrumentes wird jedes einzelne Projekt – und hier sind bereits laufende bzw. ge-

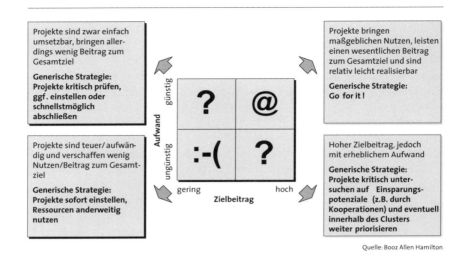

Abbildung 36: Booz Allen Hamilton's Project Mapping Tool

plante ebenso gemeint wie noch zu entwickelnde Projekte – hinsichtlich seines individuellen Zielbeitrages und des mit der Umsetzung verbundenen Aufwandes abgeschätzt.

Die Projektdiagnose erfolgt in drei Abschnitten:

1. Analyse und Aufnahme der existierenden Aktivitäten – hier werden die Ist-Aktivitäten erfasst und gegebenenfalls nach ihrer Nutzenkategorie gruppiert (E-Government-Voraussetzung, Information, Interaktion/Kommunikation, Partizipation/Transaktion).

2. Bewertung der Aktivitäten – bezüglich Zielbeitrag und Nutzen (Effizienzgewinn innerhalb der Behörde, Nutzengewinn für Kunden der Behörde) sowie hinsichtlich des Aufwandes (Implementierungsvoraussetzungen und -aufwand, Ressourcenbedarf).

3. Einschätzung des Beitrages zum Gesamtprogramm – der Beitrag einer Maßnahme im Gesamtzusammenhang der E-Government-Vision wird herausgearbeitet, auf der Zeitachse eingeordnet und hinsichtlich der Synergiepotenziale oder Überschneidungen mit anderen Maßnahmen und Projekten beurteilt.

Systematische Konzeptentwicklung

Thematisch müssen im Rahmen der Entwicklung eines E-Government-Konzeptes vier Bereiche konkret angegangen werden. Die einzelnen Felder können sich auf die Verwaltung als Ganzes oder auch nur auf einzelne Behörden oder Behördenbereiche beziehen und die Bearbeitung wird – abhängig vom Status quo – unterschiedliche Schwerpunkte haben (Abbildung 37).

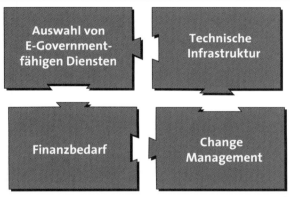

Quelle: Booz Allen Hamilton

Abbildung 37: Aufgabenfelder der E-Government-Konzeptentwicklung

Zunächst muss festgelegt werden, welche Dienstleistungen der Verwaltung überhaupt onlinefähig sind und mit welcher Priorität (Zeitabfolge) sie online verfügbar gemacht werden sollen. Ferner ist festzustellen, welche Voraussetzungen im Hinblick auf die Informationstechnologie vorliegen bzw. erst noch geschaffen werden müssen. Des Weiteren muss erarbeitet werden, wie die Einführung der Online-Dienstleistungen umgesetzt wird und mit welchen Change-Management-Maßnahmen der Implementierungserfolg sichergestellt werden kann. Schließlich ist der Finanzbedarf für die Online-Einführung zu ermitteln und gegebenenfalls sind tragfähige Betreibermodelle zu evaluieren.

Auswahl und Priorisierung von E-Government-Dienstleistungen: Nicht alles, was technisch machbar ist, bringt einen hohen Nutzen für Bürger

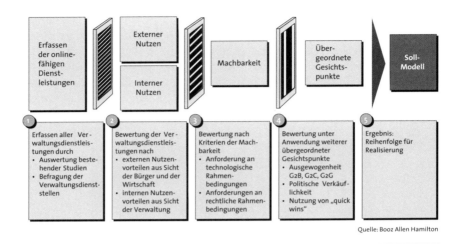

Abbildung 38: Systematische Dienstleistungs- und Maßnahmenpriorisierung

und Unternehmen oder für die Verwaltung. Die Verwaltungsdienstleistungen müssen in eine Rangfolge gebracht werden. Die Vorgehensweise ist im Überblick aus Abbildung 38 ersichtlich. Ergebnis ist ein Plan, der festlegt, in welcher (zeitlichen) Reihenfolge die Dienstleistungen online bereitgestellt werden sollen.

Zur Priorisierung der Dienstleistungen hat Booz Allen Hamilton ein Kriterienraster („E-Government-Priorisierungswürfel"; in Kapitel 5 detailliert vorgestellt) entwickelt, das die Dienstleistungen anhand von drei Kriteriendimensionen bewertet:

- externer Nutzen aus Sicht des Bürgers bzw. Unternehmens,
- interner Nutzen aus Sicht der Verwaltung,
- Machbarkeit bzw. Umsetzbarkeit.

Für die einzelnen Kriteriendimensionen müssen im Detail Indikatoren festgelegt und gewichtet werden, die sich an den spezifischen Erfordernissen und Rahmenbedingungen der jeweiligen Behörde orientieren.

Analyse der IT-Voraussetzungen und -Anforderungen: Neben der Priorisierung der Dienstleistungen muss auch ermittelt werden, welche Vorausset-

178

zungen hinsichtlich der Informationstechnologie notwendig sind, um eine Dienstleistung online anbieten zu können. Hierfür muss die bestehende IT-Ausstattung erfasst, analysiert und mit den Anforderungen zur Online-Realisierung abgeglichen werden. Auf der Grundlage der IT-Bestandsaufnahme kann dann die „IT readiness" der Behörde beurteilt werden. Es wird deutlich, welche Systeme zusätzlich angeschafft bzw. eingeführt werden müssen. Bei der Analyse müssen insbesondere auch Querschnittsthemen berücksichtigt werden, wie z. B. Workflow-Management-, Archiv-, Security- oder Zahlungsverkehrssysteme, da durch die Einführung einheitlicher Systeme in verschiedenen Behörden nicht nur die Investitionskosten gesenkt, sondern auch Schnittstellenprobleme verringert werden können. Zur Analyse der IT-Readiness für E-Government-Dienstleistungen müssen zunächst die vorhandenen IT-Konzepte untersucht und die vorhandenen Ressourcen und Budgets beurteilt werden (Abbildung 39).

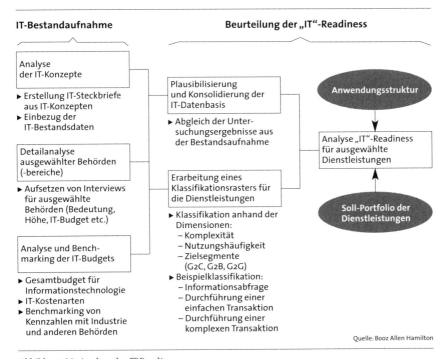

Abbildung 39: Analyse der IT-Readiness

Einen wichtigen Teil der Analyse der IT-Voraussetzungen stellen dabei ausgesuchte, für nahezu jede E-Government-Anwendung nötige technische Basiskomponenten dar, wie z. B. Vorgangsbearbeitung/Dokumentenmanagement, Datensicherheit, Zahlungsverkehrsplattform oder Content-Management-System.

Change-Management: Wesentlich bei der Einführung von E-Government ist nicht nur das Online-Anbieten von Verwaltungsdienstleistungen, sondern auch die Anpassung von Organisationsstrukturen und Prozessabläufen, sodass eine medienbruchfreie und schnellere Bearbeitung der Vorgänge möglich wird. Hierzu müssen bestehende Prozessabläufe erfasst und entsprechend der E-Government-Anforderungen neu gestaltet werden. Keinesfalls sollte eine reine Internet-Abbildung bestehender Prozessabläufe angestrebt werden, da hierdurch Ineffizienzen eher verfestigt werden. Vielmehr sind die Prozesse so zu gestalten, dass der Einsatz von Internet-Technologie vorangetrieben und damit eine weitgehend medienbruchfreie Abwicklung von Vorgängen ermöglicht wird.

Darüber hinaus müssen vor allem die Mitarbeiter in diesen Veränderungsprozess mit einbezogen werden, um organisationsimmanenten Hindernissen für Veränderungen entgegenwirken zu können. Häufig reagieren Mitarbeiter „falsch", verängstigt und frustriert. Dies geschieht meist aus Unwissenheit über bevorstehende Veränderungen. Wenn Veränderungen nicht zur bestehenden Kultur in der Organisation passen, werden Vorgaben oft aktiv blockiert oder schlicht ignoriert – die Veränderungen werden als vorübergehend betrachtet. Gleiches kann geschehen, wenn zu viele Veränderungen zur gleichen Zeit initiiert werden. In diesem Fall werden Mitarbeiter überfordert, und die Führungskräfte können den Veränderungsprozess nicht mit dem notwendigen Nachdruck vorantreiben.

Veränderungsprozesse müssen von der Führungsspitze „gesponsert" werden, d.h. Prioritäten müssen nachvollziehbar gesetzt und Auswirkungen offen aufgezeigt werden. Vor allem aber muss die Verwaltungsspitze die Vorreiterfunktion aktiv übernehmen. Mitarbeiter sollten möglichst frühzeitig und umfassend über die geplanten Veränderungen informiert werden und die Möglichkeit zur Mitgestaltung des Prozesses erhalten. Dadurch werden Ängste und Misstrauen, wie sie bei jedem Veränderungsprozess entstehen, rechtzeitig abgebaut. Außerdem müssen die Mitarbeiter gezielt auf die Arbeit mit den neuen Technologien bzw.

Akteure	Maßnahmen
Verwaltungs-spitze	▶ Notwendigkeit von Veränderungen herausstellen ▶ Auswirkungen von Veränderungen offen aufzeigen ▶ Prioritäten setzen und Augenmerk auf erfolgskritische Elemente legen ▶ Führungsrolle und Verantwortung für Umsetzung übernehmen
Change Agent	▶ Initiativen in konkrete Maßnahmen übertragen ▶ Mit Mitarbeitern über Veränderungsprozesse kontinuierlich kommunizieren ▶ Umsetzungsfortschritte kontrollieren ▶ Gegebenenfalls an Maßnahmen anpassen
Mitarbeiter	▶ An der Ausgestaltung der Veränderungsmaßnahmen aktiv teilnehmen ▶ An Schulungen teilnehmen ▶ Über Ängste und Bedenken offen kommunizieren

Quelle: Booz Allen Hamilton

Schaubild 40: *Change-Management zur Unterstützung des Veränderungsprozesses*

die neuen Prozessabläufe hin geschult werden. Die folgende Abbildung fasst beispielhaft die angesprochenen Change-Management-Maßnahmen zusammen, die von der Verwaltungsspitze, „change agents" und auf Mitarbeiterebene ergriffen werden können (Abbildung 40).

Ermittlung des Finanzbedarfs: E-Government kostet Geld. Bevor durch Prozessänderungen Einsparungen realisiert werden können, müssen Investitionen getätigt werden. Für eine solide Investitionsplanung ist es erforderlich, den Finanzbedarf für die Umsetzung von E-Government-Projekten abzuschätzen. Dies kann auf der Grundlage einer Festlegung des Dienstleistungsangebotes, der Identifizierung der IT-Anforderungen und -voraussetzungen sowie des Bedarfs an Personaleinsatz und Mitarbeiterschulungen geschehen. Für diese Haupt-Input-Faktoren müssen jeweils die projektbezogenen Kosten bzw. der Investitionsbedarf ermittelt werden. In vergleichbarer Weise kann auch für einzelne Projekte der „Return on Investment" berechnet werden. Dies kann vor allem für die politische Diskussion, wenn es um die Rechtfertigung von E-Government-Investitionen geht, eine wichtige Rolle spielen. In Zeiten knapper öffentlicher Haushalte kann hierbei auch über innovative Betreibermodelle, z. B. in Form von Public-Private-Partnerships (PPP), nachgedacht werden.

Im Rahmen bisheriger Projektarbeiten von Booz Allen Hamilton zur Abschätzung des Finanzbedarfs haben sich folgende Annahmen als zutreffend erwiesen:

- Wesentlicher Treiber des Finanzbedarfs sind die Dienstleistungen, die von einer Behörde bzw. Verwaltungseinheit erbracht werden; diese unterscheiden sich jedoch erheblich hinsichtlich Komplexität und führen demgemäß zu sehr unterschiedlichem Investitionsbedarf. Die Dienstevielfalt, nicht notwendigerweise die Dienstleistungsanzahl, treibt den Aufwand.

- Für jede Dienstleistung, die online erbracht werden soll, lassen sich durch Machbarkeitsanalysen die IT-seitig notwendigen Basiskomponenten und die benötigten dienstleistungsspezifischen Elemente (wie z. B. Fachanwendungen) feststellen.

- Durch Einsatz von Basiskomponenten können speziell in großen, komplexen Verwaltungen mit einer Vielzahl von Abteilungen und Behördenbereichen erhebliche Ersparnisse gegenüber einer rein individuellen, dezentralisierten Realisierungsvariante erzielt werden.

- Der dienstleistungsspezifische Aufwand (insbesondere für Fachanwendungen) ist im Regelfall ausschließlich den einzelnen Behörden zuzurechnen.

- Neben dem Aufwand für technische Elemente entsteht zusätzlicher – erheblicher – Aufwand für Anpassungen von Organisationen und Prozessen sowie das übergeordnete Projektmanagement.

Der gesamte Finanzbedarf setzt sich aus zentralen und dezentralen Komponenten zusammen. Die wichtigsten zentralen, d.h. behördenübergreifenden, Aufwandsblöcke umfassen die Bereitstellung der Basiskomponenten sowie zentrale Prozess- und Organisationsanpassungen. Im Bereich der Basiskomponenten sind technische Bestandteile zu berücksichtigen, die zentral für alle Behörden bereitgestellt werden können, sowie der Aufwand für die Koordination der Aktivitäten im Bereich der Basiskomponenten. Ein Call Center fällt ebenfalls unter zentralen Aufwand; die damit verbundene Aufwandshöhe hängt von der Aufgabenstellung des Call Center ab (separater Zugangskanal oder lediglich Helpdesk-Funktionalität). Aufwendungen für die Basisinfrastruktur entstehen ebenfalls primär dezentral; hier sind insbesondere Netzwerkverbindungen zu berücksichtigen. Darüber hinaus müssen (zentral) bereitgestellte Basiskomponenten individuell angepasst werden. Der erfahrungsgemäß größte Aufwandsblock entsteht durch die Erstellung bzw. Erweiterung der Fachanwendungen für die Online-Abwicklung der Dienstleistungen. Hier sind die Entwicklung und die Einführung der benötigten dienstleistungsspezifischen Software zu berücksichtigen, wie auch eine möglicherweise nötige Erweiterung bestehender Softwarekomponenten.

Die Analyse des Finanzbedarfs wird komplettiert durch die Aufnahme des dezentral erforderlichen Schulungsbedarfs (Einführung der Nutzer in die neuen Systeme) sowie der Prozessanpassung/Organisation (Anpassung der Prozesse an die elektronische Bearbeitung).

Für die Praxis der Finanzbedarfsabschätzung ist es wichtig, die Aufwendungen auch nach dem Zeitpunkt ihrer Wirksamkeit einzuschätzen sowie danach festzustellen, ob es sich um einmalige Aufwendungen oder um wiederkehrende, laufende Kosten handelt. Im Ergebnis liefert eine detaillierte Analyse des Finanzbedarfs eine Einschätzung nach Aufwandsarten, -trägern und Kostenstellen über einen mehrjährigen Planungshorizont, die eine verlässliche Grundlage für Budgetentscheidungen darstellt und gut zur Priorisierung von Projekten und Ressourcenallokation genutzt werden kann. Diesen Werten sind möglichst konkrete Ersparnispotenziale gegenüberzustellen. Erst dadurch wird eine solide betriebswirtschaftliche Vorgehensweise möglich.

Erfolgskontrolle

Von selbst versteht sich, dass im Rahmen eines professionellen Projektmanagements auf der Ebene einzelner Umsetzungsprojekte auch eine laufende Fortschritts- und Erfolgskontrolle stattfinden muss. Darüber hinaus bedarf es eines regelmäßigen Monitoring der gesamten E-Government-Aktivitäten, d.h. des gesamten Programms. Da es sich bei E-Government in besonderem Maße um einen Veränderungsprozess handelt, an dem alle Beteiligten ein vitales Interesse haben, empfiehlt sich das Instrument der Balanced Scorecard für ein – die unterschiedlichen und teilweise entgegenwirkenden Interessen der beteiligten Akteure gleichermaßen berücksichtigendes – Controlling der Zielerreichung.

12   E-Government – Quo vadis?

Die Diskussion über die vielfältigen Nutzeranforderungen und Anwendungsmöglichkeiten von E-Government zeigt, welch enormes Potenzial in der konsequenten Verwirklichung der E-Government-Vision steckt – und zwar für alle Beteiligten: für die Bürger und Unternehmen als Nutzer staatlicher und öffentlicher Dienstleistungen, für die öffentliche Verwaltung und ihre Mitarbeiter in der Doppelrolle als Dienstleistungsanbieter und auch Nutzer sowie für die gewählten Entscheidungsträger in der Politik. Bereits heute bedarf es keiner prophetischen Fähigkeiten mehr, um zu erkennen, dass Ausmaß und Qualität des E-Government-Angebotes in naher Zukunft den Stellenwert eines entscheidenden Standortfaktors zur Beeinflussung von Wettbewerbsfähigkeit und Lebensqualität von Nationen und Regionen einnehmen werden. Vergleichbar etwa mit den heute üblicherweise als Vergleichsmaßstab angelegten Infrastrukturfaktoren wie Energieverbrauch, Bereitstellung und Qualität von Telekommunikationsdienstleistungen, Ausbau des Straßennetzes und des Logistikangebotes, Ausbildung sowie Steuer- und Gesellschaftssystem.

Besonders erhellend für die Abschätzung des Potenzials, das in der Realisierung von E-Government-Konzepten steckt, ist ein Vergleich von gegenwärtiger Nutzung und dem Wunsch nach zukünftigen Leistungsangeboten. So zeigt eine Befragung unter Internet-Nutzern in Deutschland, dass 79 Prozent bislang noch nie das Angebot von Online-Ämtern in Anspruch genommen haben, nicht einmal für Auskünfte wie „Informationen über Öffnungszeiten" o.ä., während 21 Prozent bereits über Erfahrungen mit so genannten Online-Ämtern verfügen. Bei den Gründen für die hohen Abstinenzquoten rangieren die „Unkenntnis des Angebots" (57 Prozent) bzw. das „ganz oder teilweise fehlende Angebot" (47 Prozent) weit vorne. Auf der anderen Seite wird die Bedeutung verschiedener Informations-, Kommunikations- und Transaktionsangebote

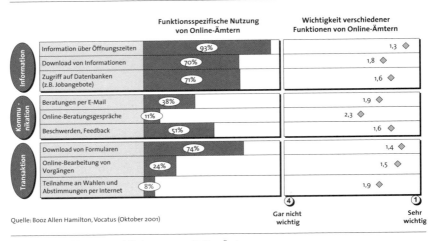

	Funktionsspezifische Nutzung von Online-Ämtern	Wichtigkeit verschiedener Funktionen von Online-Ämtern
Information — Information über Öffnungszeiten	93%	1,3 ◆
Download von Informationen	70%	1,8 ◆
Zugriff auf Datenbanken (z.B. Jobangebote)	71%	1,6 ◆
Kommunikation — Beratungen per E-Mail	38%	1,9 ◆
Online-Beratungsgespräche	11%	2,3 ◆
Beschwerden, Feedback	51%	1,6 ◆
Transaktion — Download von Formularen	74%	1,4 ◆
Online-Bearbeitung von Vorgängen	24%	1,5 ◆
Teilnahme an Wahlen und Abstimmungen per Internet	8%	1,9 ◆

Quelle: Booz Allen Hamilton, Vocatus (Oktober 2001)

④ Gar nicht wichtig ① Sehr wichtig

Abbildung 41: Nutzung und Bedeutung von Online-Ämtern

von Online-Ämtern unter Nutzern als außerordentlich hoch bewertet (Abbildung 41).

Auch die Erfahrungen der Nutzer mit E-Government-Angeboten sind ermutigend: Bei einer Bewertung von Online-Ämtern im Vergleich zu traditionellen Leistungsangeboten durch Behörden schneiden Online-Ämter in der von dem Meinungsportal vocatus durchgeführten Befragung in Deutschland eindeutig besser ab, und zwar mit einer Durchschnittsbewertung von 2,6 gegenüber 3,6 bei einer klassischen Schulnoten-Bewertungsskala. Insbesondere vor dem Hintergrund, dass das vorhandene E-Government-Leistungsangebot bislang – von Einzelfällen abgesehen – eher dürftig ausfällt und der potenzielle Anwendernutzen dadurch begrenzt wird, sind diese Ergebnisse um so bemerkenswerter. Das hohe erwartete Potenzial von E-Government wird auch durch Erfahrungen und Befragungen in den international führenden Internet- und E-Government-Ländern bestätigt. So zeigt etwa eine Befragung in den USA vom September 2000 (Hart-Teeter), dass 56 Prozent der Gesamtbevölkerung davon überzeugt sind, dass innerhalb der nächsten fünf bis zehn Jahre ein positiver Einfluss von E-Government ausgeht, während nur elf Prozent davon nicht ausgehen. Bei Internet-Nutzern sind die Werte mit 62 Prozent versus acht Prozent noch ausgeprägter.

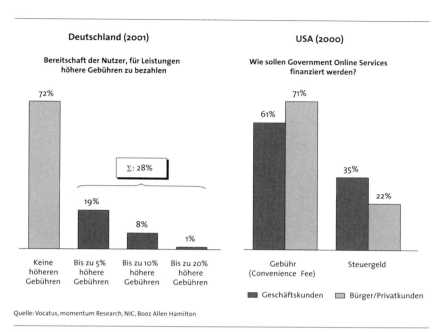

Deutschland (2001)

Bereitschaft der Nutzer, für Leistungen
höhere Gebühren zu bezahlen

72%

Σ: 28%

19%

8%

1%

| Keine höheren Gebühren | Bis zu 5% höhere Gebühren | Bis zu 10% höhere Gebühren | Bis zu 20% höhere Gebühren |

USA (2000)

Wie sollen Government Online Services
finanziert werden?

71%

61%

35%

22%

Gebühr (Convenience Fee)   Steuergeld

■ Geschäftskunden   ▨ Bürger/Privatkunden

Quelle: Vocatus, momentum Research, NIC, Booz Allen Hamilton

Abbildung 42: Zahlungsbereitschaft für E-Government

Erstaunlich viele Bürger und Unternehmen sind sogar bereit, in gewissem Umfang für die als überlegen empfundenen E-Government-Angebote zusätzliche (!) Gebühren zu zahlen. Das trifft auf 28 Prozent der befragten Bürger in Deutschland sowie auf 61 Prozent (Unternehmen/Geschäftskunden) bzw. 71 Prozent (Bürger) der Befragten in den USA zu (Abbildung 42). Die ausgeprägte Zahlungsbereitschaft ist in der Marktforschung für Produkte und Dienstleistungen ein untrüglicher Indikator für einen sich entwickelnden Massenmarkt.

Um die Entwicklung des zukünftigen „Massenmarktes E-Government" zu untersuchen und Wege aufzuzeigen, die Entwicklung zu beschleunigen, hat Booz Allen Hamilton gemeinsam mit der Bertelsmann Stiftung ein internationales E-Government-Projekt durchgeführt, das unter dem Titel „Balanced E-Government" im Frühjahr 2002 veröffentlicht wurde. Die Zielsetzung bestand darin, eine Methode zu erarbeiten, die es den einzelnen Behörden erlaubt, sich selbst zu bewerten. Im Gegensatz zu den vielen vorhandenen Benchmarking-Analysen, die auf Ver-

187

gleich von Einzelkriterien abheben – etwa den angebotenen Dienstleistungen, der Effizienz der eingesetzten IT-Systeme oder der Professionalität des Managements – war es das Ziel der Untersuchung von Booz Allen Hamilton, einen ganzheitlichen Vergleich aller wesentlichen Dimensionen, die „gutes" E-Government ausmachen, zu erzielen. Es wurden fünf Dimensionen ausgewählt, die alle in einzelnen Kapiteln dieses Buches eingehend dargestellt wurden (Abbildung 43).

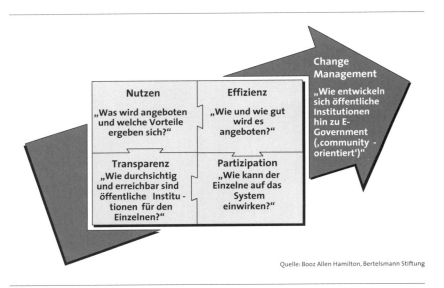

Quelle: Booz Allen Hamilton, Bertelsmann Stiftung

Abbildung 43: E-Government Benchmarking-Dimensionen

Die einzelnen Dimensionen lassen sich wie folgt charakterisieren und durch einige ausgewählte Kriterien beispielhaft erläutern:

- Nutzen: Dieser Bereich bezieht sich auf Qualität und Quantität der angebotenen Dienstleistungen und damit auf den Nutzen, den Bürger und Unternehmen vom Serviceangebot haben; Kriterien sind z. B.
  - Bandbreite der angebotenen Dienstleistungen,
  - Realisierung des One-Stop-Shopping,
  - Nutzerfreundlichkeit.

- Effizienz: Hier wird analysiert, inwieweit tatsächliche Effizienzzuwächse realisiert werden, z. B.

  - Vorhandensein einer Prozess-, Anwendungs-, System- und Datenbankarchitektur,
  - Finanz- und Ressourcenplanung,
  - Stand der IT-Infrastruktur und Plattformtechnologien,
  - Schulungs- und Qualifizierungsprogramme.

- Partizipation: In diesem Bereich geht es darum, inwieweit die Angebote darauf ausgelegt sind, die politische Kommunikation zu fördern und ein höheres Maß an Bürgerbeteiligung zu ermöglichen, z. B. durch

  - direkten Nutzerzugriff auf relevante Ansprechpartner per E-Mail oder Web-Formular,
  - Einflussnahme und Konsultation des Bürgers bei Entscheidungsprozessen,
  - Möglichkeiten zur Debatte über öffentliche Themen.

- Transparenz: Erfasst wird hier, inwieweit E-Government zur Verwirklichung des „gläsernen Staates" beiträgt. Gemessen wird unter anderem

  - Umfang der Informationen über exekutive und legislative Prozesse,
  - Nachvollziehbarkeit bei der Bearbeitung einer Anfrage, d.h. zeitnahe Informationen für die Kunden, wie z. B. Statusdokumentationen,
  - Aktualität von Informationen.

- Change-Management: Über diesen Bereich wird Art und Professionalität des E-Government-Planungs- und Implementierungsprozesses ermittelt; relevante Kriterien sind z. B.

  - Strategieentwicklung, wie regelmäßige Vergleiche mit anderen E-Government-Programmen,
  - Monitoring und Controlling,
  - Einbindung und Motivation der Mitarbeiter.

Zur Bewertung wurde eine normierte so genannte Balanced Scorecard eingesetzt, die im Maximalfall für eine ideale E-Government-Anwendung in jeder Dimension eine Höchstpunktzahl von 100 Punkten erlaubt. Nach einer Auswertung der vorhandenen Sekundärliteratur wurden insgesamt zwölf Best-Practice-Kandidaten ausgewählt und im Detail auf Grund persönlicher Interviews und Detailanalysen verglichen.

Aus der Fülle der Analysen und Erkenntnisse zeigt sich, dass E-Government noch enormes Weiterentwicklungspotenzial hat. Obwohl alle ausgewählten Vergleichskandidaten gute E-Government-Anwender sind, ist die erreichte Durchschnittspunktzahl mit 47 von 100 Ausdruck dafür, dass wir erst am Anfang der Entwicklung stehen (vgl. Abbildung 44). Erkennbar ist auch, dass die Erfahrungen im Bereich Change-Management insgesamt bereits ein höheres Niveau erreicht haben als z. B. in den Dimensionen Transparenz und Partizipation.

Die Vergleichsbeispiele setzen jeweils individuelle Schwerpunkte in ihren E-Government-Programmen. So weisen etwa im Hinblick auf die Nutzendimension einerseits die kanadische Regierung, die Stadt Seattle und der US-Staat Virginia hervorragende Ergebnisse auf. Unter

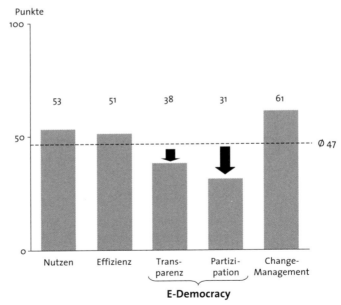

Quelle: Bertelsmann Stiftung; Booz Allen Hamilton

Abbildung 44: Balanced Scorecard-Ergebnisse

Effizienzgesichtspunkten liegen andererseits Fairfax County in den USA und die kanadische Provinz Ontario vorn – und die Möglichkeiten der Partizipation sind in Großbritannien mit UK online am besten realisiert.

Auf Grund der enormen Vorteile für Bürger, Unternehmen, öffentliche Verwaltung, Politik und Gesellschaft insgesamt ist der bereits in Gang gesetzte Siegeszug von E-Government nicht mehr zu stoppen. Es gibt zwar eine Reihe von Herausforderungen, z. B. organisatorischer, finanzieller und personeller Art, für deren Überwindung es aber bereits praktikable Lösungsansätze gibt und die in diesem Buch erläutert wurden. Einige Faktoren bremsen die Entwicklung noch, z. B. die Wahrnehmung der Sicherheit von E-Government-Dienstleistungen durch die Nutzer. Internationale Analysen in allen Ländern der Welt zeigen, dass bei Bürgern und Unternehmen ein ausgeprägtes Sicherheitsbedürfnis herrscht. Nur eine geringe, obwohl tendenziell steigende Anzahl der Befragten ist davon überzeugt, dass die heute vorhandenen E-Government-Angebote sicher sind. Eine aktuelle internationale Studie von Taylor, Nelson, Sokes („Government Online – 2001") kommt zu dem Ergebnis, dass Finnland einen Spitzenplatz in der Sicherheitswahrnehmung einnimmt; hier glauben 37 Prozent der Befragten, dass E-Government-Services sicher sind – vor Hongkong (32 Prozent) und Kanada (30 Prozent). Die USA nehmen mit 24 Prozent einen Mittelplatz ein, während im von der Datenschutzdiskussion seit den 70er-Jahren geprägten Deutschland zur Zeit nur 14 Prozent der Nutzer an die Sicherheit der E-Government-Dienstleistungen glauben.

Aber diese Hürden sind überwindbar. Und zur Erinnerung: Allein in Deutschland „warten" seit Anfang 2002 mehr als 30 Millionen Bürger darauf, dass sie nicht nur Bankgeschäfte online tätigen und Kinokarten reservieren können, sondern wollen auch über das Netz Reisepässe beantragen und ihre Steuern erklären und überweisen. Dies wird in einigen Jahren der Fall sein. BundOnline 2005 – als Beispiel – und die Aktivitäten der Länder und Kommunen werden es ermöglichen. Das „virtuelle" Rathaus wird in Wirklichkeit ein bürgerorientiertes Dienstleistungszentrum sein, das einerseits berät und andererseits die Einbindung des Bürgers in gesetzgeberische Aktivitäten ermöglicht. Die Direktdemokratie wird zunehmen und die Parteienverdrossenheit zurückgehen. Mehr Bürger kümmern sich mehr um Politik. Alle internetfähigen Transaktionen laufen automatisch über das Internet ab; E-Government ist selbstverständlich geworden – rund um die Uhr. Die Beamten fokussieren sich zukünftig stärker auf die notwendigen Entscheidungen; sie sind nicht durch Routinetätigkeit belastet.

All diese Entwicklungen verlangen aber einen Bürger, der wie selbstverständlich das Internet nutzt – so wie es die 10- bis 20-Jährigen jetzt sowieso schon tun. Die „Digitale Spaltung" wird zwar nie zu 100 Prozent überwunden werden, aber der Staat kann sich demnächst viel intensiver um die Randgruppen kümmern. Die Einsparungen durch E-Government helfen, Kommunen zu sanieren und die Steuerlast zu senken. Im E-Government führende Nationen werden attraktiver für die „besten Köpfe" der Welt und für Direktinvestitionen aus dem Ausland in die Wachstumsgebiete der Zukunft: Gesundheit, Bildung und Hochtechnologie. Diese Länder schaffen damit die Grundlagen für eine Dienstleistungsgesellschaft der nächsten Generation.

Die Autoren

Marcus Bauer

Marcus Bauer arbeitet als Projektleiter im Münchner Büro von Booz Allen Hamilton, wo er der Public Sector Group sowie der E-Government Task Force angehört. Seine Schwerpunkte liegen in der Beratung von Regierungseinrichtungen und öffentlichen Institutionen im Bereich Informationsgesellschaft, Neue Medien und Einsatz von IuK-Technologien. Des Weiteren verfügt er über erhebliche Implementierungserfahrung in der Automobil- und Finanzdienstleistungsindustrie. Vor seiner Zeit bei Booz Allen Hamilton war er bei der BMW Group in Deutschland, Großbritannien und in Asien beschäftigt. Herr Bauer studierte in Koblenz, Reims und Kingston/Kanada Wirtschaftswissenschaften und in Georgetown angewandte Politikwissenschaften.

Dr. Stephan Bauer

Stephan Bauer ist Mitglied der Geschäftsleitung von Booz Allen Hamilton. Seine Beratungsschwerpunkte liegen im Bereich E-Government und Strategieberatung. Zuvor war er für den erfolgreichen Aufbau der Ti.KOM Tirol Kommunikation GmbH, dem führenden westösterreichischen IKT-Consulter, als Alleingeschäftsführer verantwortlich. Dr. Bauer studierte Handelswissenschaften an der Wirtschaftsuniversität Wien, promovierte in Operations Research und absolvierte zudem nach erster Berufserfahrung bei SIEMENS das zweijährige bilinguale MBA-Programm am I.E.S.E. in Barcelona.

Dr. Rainer Bernnat

Rainer Bernnat ist Mitglied der Geschäftsleitung im Frankfurter Büro von Booz Allen Hamilton. Seine Beratungsschwerpunkte konzentrieren sich auf den effizienten und effektiven Einsatz von Informationstechnologie bei Banken und Finanzdienstleistern sowie in der öffentlichen Verwaltung. Vor seiner Zeit bei Booz Allen Hamilton war er bei der IBM in Deutschland, Dänemark und Frankreich beschäftigt. Dr. Bernnat hat in Frankfurt und Pamplona Betriebswirtschaftslehre studiert und in Frankfurt promoviert.

Dr. Dag-Sven Dieckmann

Dag-Sven Dieckmann ist Projektleiter bei Booz Allen Hamilton im Düsseldorfer Büro. Sein Tätigkeitsschwerpunkt ist die Beratung von Regierungen bei den Themen Wirtschaftspolitik, Privatisierungen, Restrukturierungen und Electronic Government. Er leitet bei Booz Allen Hamilton die E-Government Task Force im deutschsprachigen Raum. Dr. Dieckmann hat Betriebswirtschaftslehre und Volkswirtschaftslehre sowie International Relations in Aachen, Maastricht, Paris und Cambridge studiert. Er ist Diplom-Kaufmann und hat in Volkswirtschaftslehre promoviert.

Henner Diederichs

Henner Diederichs ist als Berater für Booz Allen Hamilton in Düsseldorf tätig. Er ist Mitarbeiter in der Information Technology Group (ITG) und beschäftigt sich vorrangig mit Themen des öffentlichen und Finanzsektors. Seine Beratungsschwerpunkte liegen in den Bereichen IT-Strategie, E-Business und E-Government sowie im Management umfassender Softwareentwicklungsprojekte. Herr Diederichs ist Diplom-Wirtschaftsingenieur und hat an der Universität Paderborn und der University of Waterloo, Kanada, studiert.

Harald Dutzler

Harald Dutzler arbeitet im Wiener Büro von Booz Allen Hamilton. Seine Beratungsschwerpunkte liegen in der Erarbeitung und Umsetzung von pragmatischen Lösungsansätzen in den Bereichen öffentliche Verwaltung, Energie und Telekommunikation. Sein Erfahrungsspektrum reicht dabei von der Einführung von Konzernsteuerungsmodellen über die Erstellung von Geschäftsfeldplänen bis zur Umsetzung von innovativen Einkaufslösungen. Vor seiner Tätigkeit bei Booz Allen Hamilton arbeitete er unter anderem an Projekten im Wuppertal Institut für Klima, Umwelt und Energie sowie bei den Vereinten Nationen in New York. Herr Dutzler absolvierte ein Studium der Wirtschaftswissenschaften an der Wirtschaftsuniversität Wien und an der HEC Montreal.

Ulrich Hörning

Ulrich Hörning ist Berater bei Booz Allen Hamilton in Frankfurt. Seine Beratungsschwerpunkte liegen in den Bereichen Telekommunikation und Regierung/öffentliche Verwaltung. Außerdem ist er Mitglied eines wirtschaftswissenschaftlichen Beraterkreises des Parlamentarischen Staatssekretärs im Bundesministerium für Wirtschaft und Technologie. Herr Hörning absolvierte ein Studium der Volkswirtschaftslehre und Politikwissenschaft an der Universität Tübingen und am Institut d'Etudes Politiques de Paris.

Dr. René Perillieux

René Perillieux ist Geschäftsführer von Booz Allen Hamilton und Leiter der Public Sector Beratungsaktivitäten in Europa. Als Partner der Communication Media and Technology Practice ist er gleichzeitig für die Beratung neuer Telekommunikationsanbieter verantwortlich. Seine Beratungsschwerpunkte liegen in der Planung, Steuerung und Umsetzung großer Transformationsprogramme für Behörden, öffentliche Unternehmen und Unternehmen der Telekommunikation; Technologie- und Innovationsmanagement bilden die inhaltlichen Schwerpunkte. Vor seinem Eintritt bei Booz Allen Hamilton arbeitete Dr. Perillieux für Mannesmann in Deutschland und den USA. Er studierte Wirtschaftsingenieurwesen in Darmstadt und Betriebswirtschaftslehre in Paris und promovierte an der TU Darmstadt in Technologiemanagement.

Joachim Steuck

Joachim Steuck ist als Research Manager der Communications, Media und Technology Practice im Düsseldorfer Büro von Booz Allen Hamilton tätig. Seine Arbeitsschwerpunkte liegen auf den Gebieten der Markt- und Trendforschung, in Telekommunikations- und Internet-Märkten sowie im Bereich Public Sector und E-Government. Herr Steuck ist Diplom-Ökonom und studierte Wirtschaftswissenschaften an der Bergischen Universität Wuppertal.

Isabell Stobwasser

Isabell Stobwasser ist als Beraterin von Booz Allen Hamilton in Berlin tätig. Ihre Beratungsschwerpunkte liegen im Bereich Telekommunikation und Public Sector. Frau Stobwasser studierte Politikwissenschaft an der Universität Freiburg i. Brsg. und erwarb einen Postgraduate-Degree in International Relations und Strategic Management an der Amsterdam School of International Relations.

Dr. Gerd Wittkemper

Gerd Wittkemper ist Geschäftsführer von Booz Allen Hamilton, Mitglied des weltweiten Executive Committee (Vorstand) und Chairman von Booz Allen Hamilton Europe. Zuvor leitete er die globale Division Communications, Media and Technology (CMT) und davor die Deutschlandaktivitäten. Seine persönlichen Beratungsschwerpunkte sind Organisation, Strategie und Technologiemanagement, insbesondere für Unternehmen in technologieintensiven Industrien und für Behörden. Zuvor leitete er die Unternehmensplanung in der Holding der deutschen Philips-Unternehmen und war zuletzt als Mitglied des Managementteams der Philips Kommunikations Industrie AG zuständig für Strategieentwicklung, Firmenakquisitionen und Öffentlichkeitsarbeit. Dr. Wittkemper studierte Physik und Wirtschaftswissenschaften in Göttingen und Hamburg und promovierte an der Universität Hamburg in Kernphysik.

Wolfgang Zink

Wolfgang Zink arbeitet als Berater im Münchner Büro von Booz Allen Hamilton, wo er sich in der E-Government Task Force unter anderem mit internationalen Vergleichsanalysen beschäftigt. Zu seinen Beratungsschwerpunkten gehören die Bereiche Public Sector und Medien. Herr Zink hat Wissenschaftliche Politik an der Universität Freiburg studiert und ist Ancien Élève der École Nationale d'Administration (ENA), Straßburg/Paris.

Booz Allen Hamilton

Die Büros in Deutschland, Österreich und der Schweiz

Deutschland:

Joachimstalerstraße 12
10719 Berlin
Telefon: 030 - 887 05 0
Telefax: 030 - 887 05 800

Königsallee 106
40215 Düsseldorf
Telefon: 0211 - 38 900
Telefax: 0211 - 37 102

Grüneburgweg 102
60323 Frankfurt/Main
Telefon: 069 - 971 67 0
Telefax: 069 - 971 67 400

Lenbachplatz 3
80333 München
Telefon: 089 - 545 25 0
Telefax: 089 - 545 25 500

Österreich:

Kärntner Ring 5-7
A-1010 Wien
Telefon: 0043 - 1 - 518 22 900
Telefax: 0043 - 1- 518 22 7900

Schweiz:

General-Guisan-Quai 34
CH-8002 Zürich
Telefon: 0041 - 1 - 206 40 50
Telefax: 0041 - 1 - 206 40 55

Mehr Informationen finden Sie unter www.boozallen.de/.ch/.at